Prólogo

El Poder Transformador de la Inteligencia Artificial

Vivimos en una era de transformación sin precedentes, impulsada por avances tecnológicos que están remodelando todos los aspectos de nuestra vida. En el corazón de esta revolución se encuentra la inteligencia artificial (IA), una tecnología que promete cambiar el mundo de maneras que apenas comenzamos a comprender. Desde el momento en que abrimos nuestros ojos por la mañana hasta que nos acostamos por la noche, la IA toca casi todos los aspectos de nuestra existencia, facilitando tareas, mejorando la eficiencia y abriendo nuevas oportunidades.

La IA no es solo una tecnología del futuro; es una realidad presente que está aquí para quedarse. Ha demostrado su valor en una amplia gama de aplicaciones, desde la automatización de procesos industriales hasta la personalización de servicios en tiempo real. Empresas de todos los tamaños están aprovechando el poder de la IA para innovar, competir y prosperar en un mercado global cada vez más complejo. Pero, ¿qué es exactamente la inteligencia artificial y cómo podemos aprovecharla para generar ingresos y mejorar nuestras vidas?

Un Viaje de Descubrimiento

Este libro es tu guía en un viaje de descubrimiento y aprendizaje sobre la inteligencia artificial. A través de sus páginas, desglosaremos conceptos complejos en términos simples y claros, proporcionando ejemplos prácticos y casos de éxito reales. Nuestro objetivo es empoderarte con el conocimiento necesario para comprender cómo funciona la IA y cómo puedes utilizarla para crear valor en tu vida personal y profesional.

El viaje comienza con una inmersión en los fundamentos de la IA. Exploraremos su historia, los tipos de IA y cómo funcionan los algoritmos que impulsan esta tecnología. A partir de ahí, nos adentraremos en las aplicaciones prácticas de la IA en diversas industrias, mostrando cómo está transformando sectores como la medicina, la finanza, la educación y muchos más.

Generando Ingresos con la IA

Uno de los aspectos más emocionantes de la inteligencia artificial es su potencial para generar ingresos. Este libro te proporcionará estrategias prácticas para convertir la IA en una fuente de ingresos. Ya sea desarrollando aplicaciones y servicios basados en IA, ofreciendo consultoría y servicios de IA, invirtiendo en empresas de IA, o automatizando procesos en tu propio negocio, te mostraremos cómo puedes aprovechar esta tecnología para crear nuevas oportunidades económicas.

Herramientas y Plataformas

Para sacar el máximo provecho de la IA, es esencial conocer las herramientas y plataformas disponibles. Te guiaremos a través de las mejores herramientas de desarrollo de IA, servicios en la nube y recursos de aprendizaje. Desde bibliotecas de código abierto como TensorFlow y PyTorch hasta plataformas de servicios en la nube como Google Cloud AI, AWS Machine Learning y Microsoft Azure AI, este libro te proporcionará una visión completa de los recursos que necesitas para implementar soluciones de IA de manera efectiva.

Desafíos y Consideraciones Éticas

Con grandes poderes vienen grandes responsabilidades. La IA presenta desafíos técnicos y consideraciones éticas que no pueden ser ignorados. Abordaremos cuestiones cruciales como la escalabilidad, la seguridad de los datos, la transparencia, el sesgo y la discriminación, el impacto en el empleo, y la responsabilidad y el control. Te proporcionaremos estrategias para mitigar estos desafíos y garantizar que la IA se desarrolle y utilice de manera responsable y ética.

Mirando Hacia el Futuro

El futuro de la inteligencia artificial es brillante y lleno de posibilidades. Exploraremos las innovaciones emergentes, como la IA cuántica, la IA emocional y la robótica avanzada, y las oportunidades de negocio futuras en áreas como la salud personalizada, la educación inteligente y la sostenibilidad. Estas innovaciones no solo transformarán industrias, sino que también cambiarán fundamentalmente cómo vivimos y trabajamos.

Reflexión Final

A medida que nos adentramos en esta nueva era de la inteligencia artificial, es importante recordar que estamos en el umbral de un futuro emocionante y lleno de potencial. La IA tiene el poder de resolver algunos de los problemas más complejos del mundo, mejorar la calidad de vida y abrir nuevas fronteras de conocimiento y descubrimiento. Sin embargo, también debemos abordar los desafíos y consideraciones éticas para garantizar que el desarrollo de la IA beneficie a toda la humanidad de manera equitativa y justa.

Invitación al Aprendizaje Continuo

Este libro es solo el comienzo. Te invitamos a unirte a nosotros en este viaje continuo de aprendizaje y descubrimiento. A medida que la tecnología avanza y la IA se integra aún más en nuestras vidas, hay infinitas oportunidades para seguir explorando y aprendiendo. Mantente curioso, busca el conocimiento y aprovecha las oportunidades que la IA tiene para ofrecer. El futuro está en nuestras manos, y juntos podemos dar forma a un mundo mejor y más inteligente.

Bienvenido a la era de la inteligencia artificial. ¡Comencemos!

Introducción

La Revolución de la Inteligencia Artificial

Vivimos en una era de transformación tecnológica sin precedentes, y en el centro de esta revolución se encuentra la inteligencia artificial (IA). Lo que alguna vez fue un concepto relegado a la ciencia ficción, ahora es una realidad que está redefiniendo industrias, cambiando la manera en que trabajamos y vivimos, y creando nuevas oportunidades económicas a una velocidad vertiginosa. Desde los asistentes virtuales que gestionan nuestras agendas hasta los vehículos autónomos que prometen cambiar la movilidad urbana, la IA está en el corazón de muchas de las innovaciones más emocionantes y prometedoras de nuestro tiempo.

Objetivos del Libro

Este libro tiene como objetivo no solo explicarte qué es la inteligencia artificial y cómo funciona, sino también mostrarte cómo puedes aprovechar esta poderosa tecnología para generar ingresos. A lo largo de estas páginas, desglosaremos conceptos complejos en términos simples y claros, proporcionando ejemplos prácticos y casos de éxito reales para ilustrar cómo la IA está siendo utilizada hoy en día para crear valor y oportunidades de negocio.

¿Qué es la Inteligencia Artificial?

Para entender cómo la IA puede ayudarte a generar dinero, primero debemos comprender qué es. La inteligencia artificial es una rama de la informática que se enfoca en crear sistemas capaces de realizar tareas que normalmente requerirían inteligencia humana. Estas tareas incluyen el reconocimiento de voz, la toma de decisiones, la resolución de problemas, y el aprendizaje. La IA se puede dividir en varios subcampos, incluyendo el aprendizaje automático (machine learning), el aprendizaje profundo (deep learning), y el procesamiento del lenguaje natural (NLP, por sus siglas en inglés).

La Importancia de la IA en la Economía Actual

La IA está impulsando una nueva ola de innovación económica. Las empresas están utilizando algoritmos de IA para optimizar procesos, mejorar la toma de decisiones y crear productos y servicios innovadores. La consultora McKinsey estima que la IA podría añadir 13 billones de dólares a la economía global para 2030. Esto representa una oportunidad significativa para emprendedores y empresas que estén dispuestos a adoptar y adaptar esta tecnología.

Beneficios y Oportunidades

La adopción de la inteligencia artificial presenta múltiples beneficios y oportunidades:

1. **Eficiencia Operacional**: La IA puede automatizar tareas repetitivas y tediosas, liberando tiempo y recursos humanos para actividades más estratégicas.

2. **Toma de Decisiones Basada en Datos**: Los algoritmos de IA pueden analizar grandes volúmenes de datos para proporcionar insights valiosos y predicciones precisas, mejorando así la toma de decisiones.

3. **Personalización**: La IA permite la creación de experiencias personalizadas para los clientes, aumentando la satisfacción y la lealtad.

4. **Innovación de Productos y Servicios**: Con la IA, las empresas pueden desarrollar productos y servicios innovadores que antes eran impensables.

Cómo Leer Este Libro

Este libro está diseñado para ser accesible para todos, independientemente de tu nivel de conocimiento técnico. Si eres un principiante en el mundo de la IA, encontrarás explicaciones claras y sencillas que te ayudarán a entender los conceptos básicos. Si ya tienes experiencia en el campo, los ejemplos detallados y casos de estudio te proporcionarán una comprensión más profunda de cómo la IA se está aplicando en diferentes industrias y cómo puedes aprovecharla para tu beneficio.

Estructura del Libro

El libro está dividido en varios capítulos, cada uno enfocado en un aspecto específico de la inteligencia artificial y su aplicación práctica:

- **Capítulo 1: Fundamentos de la Inteligencia Artificial**: Aquí aprenderás qué es la IA, los diferentes tipos de IA y cómo funcionan.

- **Capítulo 2: Aplicaciones Actuales de la Inteligencia Artificial**: Exploraremos cómo la IA está siendo utilizada en diversas industrias, desde la medicina hasta el transporte.

- **Capítulo 3: Cómo Generar Dinero con Inteligencia Artificial**: Este capítulo te guiará a través de diferentes estrategias y ejemplos prácticos de cómo puedes usar la IA para crear ingresos.

- **Capítulo 4: Herramientas y Plataformas de IA**: Conocerás las herramientas y plataformas más populares para el desarrollo y la implementación de soluciones de IA.

- **Capítulo 5: Desafíos y Consideraciones Éticas**: Discutiremos los desafíos técnicos y éticos asociados con la IA.

- **Capítulo 6: El Futuro de la Inteligencia Artificial**: Una mirada a las innovaciones emergentes y las oportunidades futuras en el campo de la IA.

Un Viaje de Descubrimiento y Oportunidad

La inteligencia artificial no es solo una tecnología del futuro, sino una herramienta poderosa que ya está cambiando el presente. Este libro es tu guía para entender esta transformación y para descubrir cómo puedes ser parte de ella, utilizando la IA para crear nuevas oportunidades de negocio y generar ingresos. A medida que avances en la lectura, te invitamos a mantener una mente abierta y a considerar las infinitas posibilidades que la IA puede ofrecerte.

Reflexión Final

Al final del libro, te dejaremos con una pregunta intrigante: ¿Qué más podrá hacer la IA por nosotros en el futuro? Esta pregunta no solo refleja la naturaleza en constante evolución de la inteligencia artificial, sino que también nos invita a imaginar y anticipar las próximas grandes innovaciones. Te invitamos a unirte a nosotros en este emocionante viaje de descubrimiento y a ser parte de la próxima ola de transformación impulsada por la IA. ¡Comencemos!

Capítulo 1: Fundamentos de la Inteligencia Artificial

Introducción

La inteligencia artificial (IA) es un campo vasto y fascinante que abarca una variedad de tecnologías y métodos destinados a emular capacidades humanas como el aprendizaje, la percepción y la toma de decisiones. En este capítulo, exploraremos en profundidad los fundamentos de la IA, sus orígenes, su evolución y las diversas técnicas y enfoques que la componen. Este conocimiento te proporcionará una base sólida para entender cómo la IA puede ser aplicada en el mundo real y cómo puedes aprovechar sus capacidades para generar ingresos y oportunidades de negocio.

Orígenes e Historia de la IA

La idea de crear máquinas que puedan pensar y actuar como humanos ha fascinado a la humanidad durante siglos. Desde las leyendas de autómatas en la antigua Grecia hasta los escritos de filósofos como Descartes, la posibilidad de la inteligencia artificial ha sido un tema recurrente en la historia del pensamiento humano.

Los Primeros Autómatas

En la antigua Grecia, se hablaba de autómatas: dispositivos mecánicos que imitaban la forma y el movimiento de los seres vivos. Estos primeros intentos de crear "vida artificial" sentaron las bases para la idea de que las máquinas podrían, algún día, poseer inteligencia.

El Siglo XX y la Computación

El verdadero avance hacia la inteligencia artificial moderna comenzó en el siglo XX con el desarrollo de la computación. Alan Turing, un matemático británico, es considerado uno de los padres de la IA. En 1950, Turing publicó un artículo titulado "Computing Machinery and Intelligence", en el cual propuso lo que ahora se conoce como el "Test de Turing". Este test se diseñó para determinar si una máquina podía exhibir un comportamiento indistinguible del de un ser humano.

La Conferencia de Dartmouth (1956)

El término "inteligencia artificial" fue acuñado en 1956 durante la Conferencia de Dartmouth, organizada por John McCarthy, Marvin Minsky, Nathaniel Rochester y Claude Shannon. Este evento marcó el nacimiento oficial de la IA como campo de estudio académico. Los investigadores comenzaron a explorar cómo las máquinas podrían realizar tareas que requerían inteligencia humana, como resolver problemas matemáticos y jugar al ajedrez.

Avances y Retrocesos

Durante las décadas de 1960 y 1970, hubo un entusiasmo considerable en torno a la IA, y se lograron avances significativos en áreas como el procesamiento del lenguaje natural y el aprendizaje automático. Sin embargo, también hubo periodos de decepción y estancamiento, conocidos como "inviernos de la IA", cuando el progreso no cumplía con las expectativas y la financiación disminuía.

El Renacimiento de la IA

A partir de la década de 1990, la IA experimentó un renacimiento gracias a los avances en la computación, la disponibilidad de grandes cantidades de datos y el desarrollo de nuevos algoritmos. La victoria de Deep Blue, una computadora de IBM, sobre el campeón mundial de ajedrez Garry Kasparov en 1997, y el triunfo de AlphaGo, desarrollado por DeepMind, sobre el campeón mundial de Go, Lee Sedol, en 2016, son ejemplos emblemáticos del progreso en este campo.

Definición y Tipos de Inteligencia Artificial

La inteligencia artificial se puede definir de diversas maneras, dependiendo del enfoque y la perspectiva. A continuación, exploramos las definiciones más comunes y los diferentes tipos de IA.

Definición de IA

La inteligencia artificial es una rama de la informática que se dedica a la creación de sistemas capaces de realizar tareas que normalmente requerirían inteligencia humana. Estas tareas incluyen el reconocimiento de voz, la toma de decisiones, la resolución de problemas y el aprendizaje. La IA se basa en algoritmos y modelos matemáticos que permiten a las máquinas aprender de los datos y mejorar su desempeño con el tiempo.

Tipos de IA

La IA se puede clasificar en tres categorías principales: IA débil, IA fuerte y superinteligencia artificial.

1. **IA Débil (Narrow AI)**: También conocida como IA específica, esta categoría se refiere a sistemas diseñados para realizar tareas específicas. Ejemplos comunes incluyen asistentes virtuales como Siri y Alexa, sistemas de recomendación en plataformas de streaming y algoritmos de búsqueda en motores de búsqueda. La IA débil es extremadamente eficaz en su ámbito específico, pero no tiene capacidades generales.

2. **IA Fuerte (General AI)**: La IA fuerte, también conocida como inteligencia general artificial (AGI, por sus siglas en inglés), se refiere a sistemas con capacidades cognitivas generales comparables a las de un ser humano. Esto significa que pueden entender, aprender y aplicar conocimientos en una amplia variedad de contextos. Aunque la AGI

sigue siendo un objetivo teórico, los avances en la IA débil están sentando las bases para su desarrollo futuro.

3. **Superinteligencia Artificial**: Esta categoría se refiere a una inteligencia que supera a la humana en todos los aspectos. La superinteligencia artificial es un concepto teórico y plantea preguntas importantes sobre la ética y la seguridad. Si bien aún no hemos alcanzado este nivel de IA, es un tema de considerable debate y especulación en la comunidad científica.

Cómo Funciona la IA

La IA funciona mediante el uso de algoritmos y modelos matemáticos que permiten a las máquinas procesar información, aprender de los datos y tomar decisiones. A continuación, exploramos algunas de las técnicas y enfoques más importantes en el campo de la IA.

Aprendizaje Automático (Machine Learning)

El aprendizaje automático es una subdisciplina de la IA que se enfoca en desarrollar algoritmos que permiten a las máquinas aprender de los datos y mejorar su desempeño con el tiempo sin ser programadas explícitamente para cada tarea.

1. **Aprendizaje Supervisado**: En el aprendizaje supervisado, los algoritmos se entrenan utilizando un conjunto de datos etiquetados.

Esto significa que cada ejemplo de entrenamiento viene con una etiqueta o respuesta correcta. El objetivo del algoritmo es aprender a mapear entradas a salidas correctas basándose en estos ejemplos. Ejemplos de aprendizaje supervisado incluyen la clasificación de correos electrónicos como spam o no spam y el reconocimiento de imágenes.

2. **Aprendizaje No Supervisado**: A diferencia del aprendizaje supervisado, el aprendizaje no supervisado no utiliza datos etiquetados. En su lugar, los algoritmos intentan identificar patrones y estructuras ocultas en los datos. Ejemplos de aprendizaje no supervisado incluyen el análisis de conglomerados (clustering) y la reducción de dimensionalidad. Este enfoque se utiliza comúnmente en la minería de datos y el análisis exploratorio.

3. **Aprendizaje por Refuerzo (Reinforcement Learning)**: En el aprendizaje por refuerzo, los algoritmos aprenden a tomar decisiones mediante la interacción con un entorno. Los agentes de aprendizaje por refuerzo reciben recompensas o castigos basados en sus acciones y utilizan esta retroalimentación para mejorar su estrategia. Este enfoque es particularmente efectivo en problemas que implican una secuencia de decisiones, como el control de robots y los juegos.

Aprendizaje Profundo (Deep Learning)

El aprendizaje profundo es una subdisciplina del aprendizaje automático que se basa en redes neuronales artificiales para modelar y resolver problemas complejos. Las redes neuronales artificiales están inspiradas en la estructura y el funcionamiento del cerebro humano.

1. **Redes Neuronales**: Las redes neuronales consisten en capas de nodos, conocidos como neuronas, que están interconectados. Cada conexión tiene un peso que se ajusta durante el proceso de entrenamiento. Las redes neuronales pueden tener una o varias capas ocultas entre la capa de entrada y la capa de salida. Las redes neuronales profundas, que tienen muchas capas ocultas, se denominan redes neuronales profundas.

2. **Convolución y Redes Neuronales Convolucionales (CNNs)**: Las CNNs son un tipo de red neuronal especialmente eficaz en el procesamiento de datos estructurados en forma de cuadrícula, como las imágenes. Utilizan operaciones de convolución para extraer características relevantes y reducir la dimensionalidad de los datos, lo que permite una mayor eficiencia en el procesamiento y el reconocimiento de patrones.

3. **Redes Neuronales Recurrentes (RNNs)**: Las RNNs son adecuadas para el procesamiento

de secuencias de datos, como el texto y las series temporales. A diferencia de las redes neuronales tradicionales, las RNNs tienen conexiones cíclicas que permiten que la información se mantenga en la red a lo largo del tiempo. Esto las hace especialmente útiles para tareas como la traducción automática y el análisis de sentimientos.

Procesamiento del Lenguaje Natural (NLP)

El procesamiento del lenguaje natural es un campo de la IA que se centra en la interacción entre las computadoras y el lenguaje humano. El objetivo del NLP es permitir que las máquinas comprendan, interpreten y generen lenguaje de una manera que sea útil y significativa.

1. **Análisis Sintáctico y Semántico**: El análisis sintáctico se ocupa de la estructura gramatical del lenguaje, mientras que el análisis semántico se centra en el significado. Los algoritmos de NLP utilizan técnicas de análisis sintáctico para descomponer oraciones en sus componentes gramaticales y técnicas de análisis semántico para entender el contexto y el significado de las palabras y las frases.

2. **Modelos de Lenguaje**: Los modelos de lenguaje son algoritmos que predicen la probabilidad de una secuencia de palabras. Los modelos de lenguaje avanzados, como GPT-3 de OpenAI, utilizan redes neuronales

profundas para generar texto coherente y relevante en una variedad de contextos. Estos modelos han demostrado ser extremadamente efectivos en tareas como la traducción automática, la generación de texto y el análisis de sentimientos.

3. **Reconocimiento y Síntesis de Voz**: El reconocimiento de voz convierte el habla en texto, mientras que la síntesis de voz convierte el texto en habla. Estos sistemas utilizan técnicas de NLP y aprendizaje profundo para mejorar la precisión y la naturalidad de las interacciones de voz. Ejemplos de aplicaciones incluyen asistentes virtuales, sistemas de dictado y tecnologías de accesibilidad.

Aplicaciones Prácticas de la IA

La inteligencia artificial se está utilizando en una amplia variedad de aplicaciones prácticas que están transformando diversas industrias. A continuación, exploramos algunas de las aplicaciones más destacadas de la IA.

Asistentes Virtuales

Los asistentes virtuales, como Siri, Alexa y Google Assistant, utilizan técnicas de procesamiento del lenguaje natural y aprendizaje automático para entender y responder a comandos de voz. Estos sistemas pueden realizar una variedad de tareas, como enviar mensajes, configurar alarmas, buscar información en internet y controlar dispositivos inteligentes en el hogar.

Vehículos Autónomos

Los vehículos autónomos, como los desarrollados por Tesla y Waymo, utilizan una combinación de sensores, cámaras, radares y algoritmos de aprendizaje profundo para navegar y tomar decisiones en tiempo real. Estos sistemas pueden reconocer y reaccionar ante otros vehículos, peatones y señales de tráfico, con el objetivo de ofrecer una conducción segura y eficiente.

Diagnóstico Médico

La IA está revolucionando la medicina al permitir diagnósticos más precisos y rápidos. Algoritmos de aprendizaje automático pueden analizar imágenes médicas, como radiografías y resonancias magnéticas, para detectar enfermedades como el cáncer con una precisión comparable o superior a la de los médicos humanos. Además, la IA se está utilizando para predecir brotes de enfermedades y optimizar los tratamientos personalizados basados en el perfil genético de los pacientes.

Finanzas y Comercio

En el sector financiero, los algoritmos de IA están siendo utilizados para predecir movimientos del mercado, optimizar carteras de inversión y detectar fraudes en tiempo real. Las empresas de comercio electrónico utilizan sistemas de recomendación basados en IA para personalizar las ofertas y mejorar la experiencia del cliente. Estos sistemas analizan el comportamiento de los usuarios y sugieren productos que es más probable que compren, aumentando así las ventas y la satisfacción del cliente.

Marketing y Publicidad

La IA está transformando el marketing y la publicidad al permitir la personalización a gran escala. Los algoritmos de IA pueden analizar datos de clientes para crear campañas de marketing altamente dirigidas y efectivas. Además, la IA puede optimizar las estrategias de publicidad digital mediante la automatización de la compra de anuncios y el ajuste en tiempo real de las ofertas y los mensajes para maximizar el retorno de la inversión.

Desafíos y Consideraciones Éticas

Aunque la inteligencia artificial ofrece enormes beneficios y oportunidades, también plantea una serie de desafíos y consideraciones éticas que deben abordarse.

Desafíos Técnicos

1. **Escalabilidad**: La implementación de sistemas de IA en grandes escalas puede ser compleja y costosa. Los algoritmos requieren grandes cantidades de datos y potencia de procesamiento para funcionar de manera efectiva.

2. **Seguridad de los Datos**: La privacidad y la seguridad de los datos son preocupaciones importantes en la IA. Los sistemas de IA a menudo requieren acceso a grandes cantidades de datos personales y sensibles, lo que plantea riesgos de privacidad y posibles vulnerabilidades de seguridad.

3. **Transparencia y Explicabilidad**: Los algoritmos de IA, especialmente los de aprendizaje profundo, pueden ser opacos y difíciles de interpretar. La falta de transparencia en cómo las decisiones son tomadas por la IA puede generar desconfianza y dificultar la identificación y corrección de errores o sesgos.

Consideraciones Éticas

1. **Bias y Discriminación**: La IA puede perpetuar sesgos existentes si los datos utilizados para entrenar los algoritmos están sesgados. Esto puede llevar a decisiones injustas y discriminatorias en áreas como la contratación, los préstamos y la justicia penal.

2. **Impacto en el Empleo**: La automatización impulsada por la IA puede llevar a la pérdida de empleos en ciertos sectores, lo que plantea desafíos económicos y sociales. Es importante considerar cómo se pueden gestionar estos impactos y cómo se puede preparar a la fuerza

laboral para la transición a nuevos roles y oportunidades.

3. **Responsabilidad y Control**: A medida que los sistemas de IA se vuelven más autónomos, surge la pregunta de quién es responsable de sus acciones y decisiones. Establecer marcos claros de responsabilidad y control es crucial para garantizar que la IA se utilice de manera segura y ética.

Conclusión del Capítulo

En este capítulo, hemos explorado los fundamentos de la inteligencia artificial, su historia, sus diferentes tipos y cómo funciona. También hemos discutido algunas de las aplicaciones prácticas de la IA y los desafíos y consideraciones éticas que plantea. Este conocimiento te proporciona una base sólida para entender el potencial de la IA y cómo puedes aprovechar sus capacidades para generar ingresos y crear nuevas oportunidades de negocio. A medida que avancemos en este libro, exploraremos en profundidad cómo la IA está transformando diversas industrias y cómo puedes utilizarla para tu beneficio.

Capítulo 2: Aplicaciones Actuales de la Inteligencia Artificial

Introducción

La inteligencia artificial (IA) ha avanzado a pasos agigantados, permeando casi todas las facetas de nuestra vida diaria y revolucionando industrias enteras. Desde la medicina y la finanza hasta la educación y el entretenimiento, la IA está transformando cómo vivimos y trabajamos. En este capítulo, exploraremos en detalle las aplicaciones más destacadas de la IA en diversas industrias, mostrando cómo esta tecnología está siendo utilizada para mejorar procesos, optimizar recursos y crear nuevas oportunidades.

Asistentes Virtuales

Definición y Funcionalidad

Los asistentes virtuales son aplicaciones de software que utilizan procesamiento del lenguaje natural (NLP) y aprendizaje automático para comprender comandos de voz o texto y realizar tareas específicas. Ejemplos prominentes incluyen Siri de Apple, Alexa de Amazon, Google Assistant y Cortana de Microsoft.

Componentes Principales

1. **Reconocimiento de Voz**: La capacidad de convertir el habla en texto. Utiliza técnicas de NLP para comprender el lenguaje hablado.

2. **Procesamiento del Lenguaje Natural**: Analiza el texto para entender la intención del usuario y generar una respuesta adecuada.

3. **Tareas Automatizadas**: Ejecuta acciones como enviar mensajes, establecer alarmas, buscar información en internet y controlar dispositivos inteligentes.

Aplicaciones y Beneficios

- **Hogar Inteligente**: Control de dispositivos inteligentes, como luces, termostatos y electrodomésticos.

- **Productividad Personal**: Gestión de calendarios, recordatorios y correos electrónicos.

- **Información y Entretenimiento**: Búsqueda de información, reproducción de música y podcasts, y control de servicios de streaming.

- **Accesibilidad**: Asistencia a personas con discapacidades visuales o motoras mediante comandos de voz.

Ejemplo: Alexa de Amazon

Alexa, el asistente virtual de Amazon, utiliza una combinación de NLP y aprendizaje profundo para comprender y responder a comandos de voz. Integrado con dispositivos como Amazon Echo, Alexa puede controlar dispositivos del hogar inteligente, reproducir música, proporcionar noticias y realizar compras en Amazon. Alexa Skills Kit permite a los desarrolladores crear habilidades personalizadas, ampliando las capacidades de Alexa en diversas áreas.

Vehículos Autónomos

Definición y Tecnología

Los vehículos autónomos, también conocidos como coches sin conductor, son vehículos que utilizan una combinación de sensores, cámaras, radares y algoritmos de aprendizaje profundo para navegar y tomar decisiones en tiempo real sin intervención humana.

Componentes Principales

1. **Sensores y Cámaras**: Proporcionan datos sobre el entorno del vehículo, incluyendo la detección de objetos, señales de tráfico y condiciones de la carretera.

2. **Algoritmos de Percepción**: Analizan los datos de los sensores para identificar y clasificar objetos en el entorno.

3. **Planificación y Control**: Generan trayectorias seguras y controlan el movimiento del vehículo para seguir estas trayectorias.

Aplicaciones y Beneficios

- **Seguridad**: Reducción de accidentes causados por errores humanos, como distracción y fatiga.

- **Eficiencia de Transporte**: Optimización de rutas y reducción de la congestión del tráfico.

- **Acceso a la Movilidad**: Provisión de transporte para personas con discapacidades o sin licencia de conducir.

- **Economía de Combustible**: Conducción más eficiente y reducción de emisiones.

Ejemplo: Tesla Autopilot

El sistema Autopilot de Tesla utiliza una combinación de cámaras, radares y sensores ultrasónicos para proporcionar capacidades de conducción autónoma. Los algoritmos de aprendizaje profundo analizan los datos de los sensores para detectar y clasificar objetos, planificar rutas y controlar el movimiento del vehículo. Autopilot permite funciones como el cambio de carril automático, el estacionamiento autónomo y la navegación en autopistas.

Diagnóstico Médico

Definición y Tecnología

La IA está revolucionando el campo de la medicina mediante el análisis de grandes volúmenes de datos médicos para mejorar el diagnóstico, el tratamiento y la prevención de enfermedades. Utiliza técnicas de aprendizaje automático y procesamiento de imágenes médicas para identificar patrones y anomalías que pueden ser indicativos de enfermedades.

Componentes Principales

1. **Imágenes Médicas**: Análisis de radiografías, tomografías computarizadas (CT) y resonancias magnéticas (MRI) para detectar anomalías.

2. **Algoritmos de Diagnóstico**: Utilizan modelos de aprendizaje profundo para identificar patrones en los datos y proporcionar diagnósticos precisos.

3. **Análisis Predictivo**: Predicción de brotes de enfermedades y optimización de tratamientos personalizados basados en datos genéticos y clínicos.

Aplicaciones y Beneficios

- **Diagnóstico Temprano**: Identificación de enfermedades en etapas tempranas, mejorando las tasas de supervivencia y los resultados de los pacientes.

- **Tratamiento Personalizado**: Desarrollo de planes de tratamiento basados en el perfil genético y clínico del paciente.

- **Eficiencia en los Procesos Clínicos**: Reducción del tiempo y los costos asociados con el diagnóstico y el tratamiento.

Ejemplo: Zebra Medical Vision

Zebra Medical Vision utiliza algoritmos de aprendizaje profundo para analizar imágenes médicas y detectar una variedad de condiciones, incluyendo cáncer, enfermedades cardiovasculares y enfermedades hepáticas. Los algoritmos de Zebra son capaces de analizar grandes volúmenes de datos en poco tiempo, proporcionando diagnósticos precisos y ayudando a los médicos a tomar decisiones informadas.

Finanzas y Comercio

Definición y Tecnología

En el sector financiero, la IA está siendo utilizada para predecir movimientos del mercado, optimizar carteras de inversión y detectar fraudes en tiempo real. Los sistemas de comercio electrónico utilizan IA para personalizar ofertas y mejorar la experiencia del cliente.

Componentes Principales

1. **Análisis Predictivo**: Utiliza algoritmos de aprendizaje automático para predecir movimientos del mercado y optimizar estrategias de inversión.

2. **Detección de Fraude**: Identifica patrones inusuales y comportamientos sospechosos en las transacciones para prevenir fraudes.

3. **Sistemas de Recomendación**: Personalizan ofertas y promociones basadas en el comportamiento y las preferencias de los usuarios.

Aplicaciones y Beneficios

- **Mejora en la Toma de Decisiones**: Proporciona a los inversores y gestores de fondos datos y predicciones precisas para tomar decisiones informadas.

- **Seguridad y Prevención de Fraudes**: Protege a los consumidores y las instituciones financieras de actividades fraudulentas.

- **Personalización y Fidelización de Clientes**: Mejora la experiencia del cliente mediante recomendaciones personalizadas y promociones dirigidas.

Ejemplo: Ayasdi

Ayasdi utiliza algoritmos de aprendizaje automático y análisis topológico de datos para identificar patrones y relaciones ocultas en grandes volúmenes de datos financieros. Esto permite a las instituciones financieras detectar fraudes, optimizar carteras de inversión y cumplir con las regulaciones de manera más eficiente.

Marketing y Publicidad

Definición y Tecnología

La IA está transformando el marketing y la publicidad al permitir la personalización a gran escala y la optimización de campañas publicitarias. Los algoritmos de IA pueden analizar datos de clientes para crear campañas de marketing dirigidas y efectivas.

Componentes Principales

1. **Segmentación de Audiencias**: Utiliza datos demográficos, de comportamiento y de preferencias para segmentar audiencias y dirigir campañas específicas.

2. **Optimización de Campañas**: Ajusta en tiempo real las estrategias de publicidad digital para maximizar el retorno de la inversión.

3. **Generación de Contenido**: Crea contenido personalizado y relevante para diferentes segmentos de audiencia.

Aplicaciones y Beneficios

- **Aumento de la Conversión**: Mejora la efectividad de las campañas publicitarias mediante la personalización y la segmentación precisa.

- **Reducción de Costos**: Optimiza la compra de anuncios y el presupuesto de marketing para maximizar el rendimiento.

- **Mejora de la Experiencia del Cliente**: Proporciona contenido y ofertas relevantes que mejoran la satisfacción y la lealtad del cliente.

Ejemplo: Persado

Persado utiliza algoritmos de aprendizaje automático para analizar y generar contenido de marketing emocionalmente atractivo. Su plataforma ayuda a las empresas a crear mensajes publicitarios que resuenen con sus audiencias, mejorando las tasas de apertura, clics y conversión.

Educación

Definición y Tecnología

La IA está revolucionando la educación al personalizar el aprendizaje y proporcionar herramientas avanzadas para la enseñanza y la evaluación. Los sistemas de tutoría inteligente y los algoritmos de análisis de datos están transformando cómo los estudiantes aprenden y cómo los profesores enseñan.

Componentes Principales

1. **Sistemas de Tutoría Inteligente**: Proporcionan apoyo personalizado a los estudiantes, adaptándose a sus necesidades y ritmo de aprendizaje.

2. **Análisis de Datos Educativos**: Utiliza datos de rendimiento y comportamiento para identificar áreas de mejora y proporcionar retroalimentación personalizada.

3. **Evaluación Automatizada**: Corrige y evalúa trabajos y exámenes de manera eficiente, liberando tiempo para que los profesores se enfoquen en la enseñanza.

Aplicaciones y Beneficios

- **Aprendizaje Personalizado**: Adapta el contenido y el ritmo de enseñanza a las necesidades individuales de cada estudiante.

- **Mejora del Rendimiento Académico**: Proporciona retroalimentación oportuna y precisa, ayudando a los estudiantes a mejorar su rendimiento.

- **Eficiencia en la Enseñanza**: Reduce la carga administrativa de los profesores, permitiéndoles dedicar más tiempo a la enseñanza y la mentoría.

Ejemplo: Carnegie Learning

Carnegie Learning utiliza algoritmos de aprendizaje automático para proporcionar tutoría personalizada en matemáticas. Su plataforma adapta las lecciones a las necesidades y el ritmo de cada estudiante, mejorando significativamente los resultados académicos.

Agricultura

Definición y Tecnología

La IA está transformando la agricultura al optimizar el uso de recursos y mejorar la productividad. Los sistemas de IA pueden analizar datos de sensores, drones y satélites para proporcionar recomendaciones precisas sobre la gestión de cultivos.

Componentes Principales

1. **Sensores y Drones**: Recopilan datos sobre las condiciones del suelo, el clima y el estado de los cultivos.

2. **Algoritmos de Análisis**: Utilizan aprendizaje automático para analizar los datos y proporcionar recomendaciones sobre el riego, la fertilización y el control de plagas.

3. **Automatización Agrícola**: Implementa maquinaria autónoma para realizar tareas agrícolas de manera eficiente y precisa.

Aplicaciones y Beneficios

- **Aumento de la Productividad**: Optimiza el uso de recursos y mejora la gestión de cultivos, aumentando el rendimiento agrícola.

- **Reducción de Costos**: Minimiza el uso de insumos y reduce los costos operativos mediante la automatización y la precisión.

- **Sostenibilidad**: Promueve prácticas agrícolas sostenibles al optimizar el uso de agua, fertilizantes y pesticidas.

Ejemplo: John Deere

John Deere utiliza algoritmos de aprendizaje automático y análisis de datos para optimizar la gestión de cultivos. Sus tractores y maquinaria agrícola están equipados con sensores y tecnología de automatización que permiten una gestión precisa y eficiente de los recursos.

Retail

Definición y Tecnología

La IA está transformando el sector minorista al mejorar la experiencia del cliente y optimizar las operaciones. Los sistemas de IA pueden analizar datos de clientes y transacciones para personalizar ofertas, prever la demanda y optimizar la cadena de suministro.

Componentes Principales

1. **Análisis de Datos de Clientes**: Utiliza datos de comportamiento y preferencias para personalizar ofertas y promociones.

2. **Previsión de Demanda**: Predice la demanda de productos y optimiza la gestión de inventarios.

3. **Automatización de la Cadena de Suministro**: Optimiza la logística y la

distribución para mejorar la eficiencia y reducir costos.

Aplicaciones y Beneficios

- **Personalización del Cliente**: Proporciona recomendaciones y promociones personalizadas, mejorando la experiencia de compra.

- **Optimización de Inventarios**: Reduce el exceso de inventario y minimiza las roturas de stock mediante la previsión precisa de la demanda.

- **Eficiencia Operacional**: Mejora la eficiencia de la cadena de suministro y reduce los costos operativos mediante la automatización.

Ejemplo: Walmart

Walmart utiliza algoritmos de aprendizaje automático para analizar datos de transacciones y prever la demanda de productos. Esto permite a Walmart optimizar su cadena de suministro y mejorar la gestión de inventarios, reduciendo costos y mejorando la disponibilidad de productos para los clientes.

Juegos y Entretenimiento

Definición y Tecnología

La IA está revolucionando la industria de los juegos y el entretenimiento al crear experiencias más inmersivas y personalizadas. Los algoritmos de IA pueden generar contenido, adaptar la jugabilidad a las preferencias del jugador y mejorar la interacción en tiempo real.

Componentes Principales

1. **Generación de Contenido Procedural**: Utiliza algoritmos para crear contenido dinámico y adaptativo, como niveles de juego y personajes.

2. **Adaptación de la Jugabilidad**: Ajusta la dificultad y la experiencia del juego en función del comportamiento y las preferencias del jugador.

3. **Interacción en Tiempo Real**: Mejora la interacción y la respuesta de los personajes del juego mediante técnicas de aprendizaje profundo y procesamiento del lenguaje natural.

Aplicaciones y Beneficios

- **Experiencias Inmersivas**: Crea mundos de juego dinámicos y adaptativos que mejoran la inmersión y el disfrute del jugador.

- **Personalización del Juego**: Adapta la experiencia del juego a las preferencias y habilidades del jugador, mejorando la satisfacción y la retención.

- **Interacción Mejorada**: Proporciona una interacción más natural y realista con personajes y entornos del juego.

Ejemplo: OpenAI Five

OpenAI Five es un sistema de IA desarrollado por OpenAI que utiliza aprendizaje por refuerzo para jugar el juego de estrategia en tiempo real Dota 2. OpenAI Five ha demostrado habilidades avanzadas en la toma de decisiones y la cooperación en equipo, compitiendo con éxito contra jugadores humanos profesionales.

Seguridad y Vigilancia

Definición y Tecnología

La IA está transformando la seguridad y la vigilancia al proporcionar sistemas avanzados de monitoreo y análisis. Los algoritmos de IA pueden analizar datos de cámaras de vigilancia y sensores para detectar amenazas y comportamientos sospechosos en tiempo real.

Componentes Principales

1. **Análisis de Video**: Utiliza algoritmos de visión por computadora para analizar imágenes y videos de cámaras de vigilancia.

2. **Detección de Anomalías**: Identifica patrones inusuales y comportamientos sospechosos en los datos de vigilancia.

3. **Automatización de la Respuesta**: Proporciona alertas y recomendaciones en tiempo real para mejorar la respuesta a incidentes de seguridad.

Aplicaciones y Beneficios

- **Mejora de la Seguridad**: Detecta y previene amenazas y comportamientos sospechosos de manera oportuna.

- **Eficiencia Operacional**: Automatiza el monitoreo y la respuesta a incidentes, reduciendo la carga de trabajo del personal de seguridad.

- **Reducción de Costos**: Minimiza los costos asociados con la vigilancia y la respuesta a incidentes mediante la automatización y la precisión.

Ejemplo: Hikvision

Hikvision utiliza algoritmos de visión por computadora y aprendizaje profundo para analizar imágenes y videos de cámaras de vigilancia. Sus sistemas de seguridad pueden detectar y alertar sobre comportamientos sospechosos y amenazas en tiempo real, mejorando la seguridad y la eficiencia operativa.

Recursos Humanos

Definición y Tecnología

La IA está transformando la gestión de recursos humanos al optimizar el reclutamiento, la retención y la gestión del talento. Los sistemas de IA pueden analizar datos de candidatos y empleados para identificar el mejor ajuste y proporcionar recomendaciones personalizadas.

Componentes Principales

1. **Análisis de Candidatos**: Utiliza algoritmos de aprendizaje automático para evaluar y clasificar candidatos en función de sus habilidades y experiencia.

2. **Retención de Talento**: Analiza datos de empleados para identificar riesgos de rotación y proporcionar recomendaciones para mejorar la retención.

3. **Gestión del Rendimiento**: Proporciona retroalimentación y recomendaciones personalizadas para mejorar el rendimiento y el desarrollo de los empleados.

Aplicaciones y Beneficios

- **Mejora del Reclutamiento**: Identifica y selecciona a los mejores candidatos de manera más eficiente y precisa.

- **Reducción de la Rotación**: Identifica riesgos de rotación y proporciona recomendaciones para mejorar la retención del talento.

- **Desarrollo del Talento**: Proporciona retroalimentación y desarrollo personalizado para mejorar el rendimiento y la satisfacción de los empleados.

Ejemplo: HireVue

HireVue utiliza algoritmos de aprendizaje automático para analizar videos de entrevistas y evaluar a los candidatos en función de su lenguaje corporal, tono de voz y respuestas. Esto permite a las empresas realizar evaluaciones más precisas y eficientes, mejorando el proceso de reclutamiento y selección.

Salud Mental

Definición y Tecnología

La IA está transformando el campo de la salud mental al proporcionar herramientas avanzadas para la evaluación, el diagnóstico y el tratamiento. Los sistemas de IA pueden analizar datos de comportamiento y fisiológicos para identificar señales de problemas de salud mental y proporcionar intervenciones personalizadas.

Componentes Principales

1. **Evaluación de Salud Mental**: Utiliza algoritmos de aprendizaje automático para analizar datos de comportamiento y

fisiológicos y evaluar el estado de salud mental.

2. **Diagnóstico de Trastornos**: Identifica y clasifica trastornos de salud mental basados en patrones de datos y síntomas.

3. **Intervenciones Personalizadas**: Proporciona recomendaciones y tratamientos personalizados basados en el perfil y las necesidades del paciente.

Aplicaciones y Beneficios

- **Detección Temprana**: Identifica señales tempranas de problemas de salud mental y proporciona intervenciones oportunas.

- **Tratamiento Personalizado**: Proporciona planes de tratamiento personalizados basados en el perfil y las necesidades del paciente.

- **Mejora de la Accesibilidad**: Proporciona herramientas accesibles y asequibles para la evaluación y el tratamiento de la salud mental.

Ejemplo: Woebot

Woebot es un chatbot de salud mental que utiliza técnicas de procesamiento del lenguaje natural y aprendizaje automático para proporcionar apoyo emocional y cognitivo a los usuarios. Woebot analiza las interacciones con los usuarios para identificar señales de problemas de salud mental y proporcionar intervenciones personalizadas y basadas en evidencia.

Conclusión del Capítulo

En este capítulo, hemos explorado en detalle cómo la inteligencia artificial está siendo utilizada en diversas industrias para mejorar procesos, optimizar recursos y crear nuevas oportunidades. Desde asistentes virtuales y vehículos autónomos hasta diagnóstico médico y marketing, la IA está transformando cómo vivimos y trabajamos. Al comprender estas aplicaciones prácticas y los beneficios que ofrecen, puedes identificar oportunidades para aprovechar la IA en tu propio contexto y generar ingresos y valor. En los próximos capítulos, profundizaremos en cómo puedes implementar y utilizar estas tecnologías para tu beneficio.

Capítulo 3: Cómo Generar Dinero con Inteligencia Artificial

Introducción

La inteligencia artificial (IA) no solo está revolucionando industrias, sino que también está abriendo un abanico de oportunidades para generar ingresos. Ya sea que seas un empresario, un profesional independiente, un inversor o un entusiasta de la tecnología, la IA ofrece múltiples vías para convertir el conocimiento y las herramientas en ganancias. En este capítulo, exploraremos estrategias prácticas y ejemplos detallados de cómo puedes utilizar la IA para generar dinero. Desde el desarrollo de aplicaciones hasta la automatización de negocios, pasando por inversiones en empresas de IA y marketing digital, este capítulo te guiará en el camino para aprovechar la IA como una fuente de ingresos.

Desarrollo de Aplicaciones y Servicios

Creación de Aplicaciones Basadas en IA

Una de las formas más directas de generar dinero con IA es desarrollando aplicaciones que aprovechen esta tecnología. Las aplicaciones basadas en IA pueden resolver problemas específicos, automatizar tareas, mejorar la eficiencia y proporcionar insights valiosos a los usuarios.

Pasos para Crear una Aplicación de IA

1. **Identificación del Problema**: El primer paso es identificar un problema específico que pueda ser resuelto con IA. Esto puede incluir desde la automatización de tareas repetitivas

hasta la mejora de la toma de decisiones basada en datos.

2. **Recopilación de Datos**: La IA requiere datos para aprender y mejorar. Recopila datos relevantes que puedan ser utilizados para entrenar los algoritmos de IA.

3. **Desarrollo del Modelo**: Utiliza técnicas de aprendizaje automático o aprendizaje profundo para desarrollar un modelo de IA que pueda resolver el problema identificado.

4. **Implementación de la Aplicación**: Integra el modelo de IA en una aplicación que los usuarios puedan utilizar. Esto puede incluir el desarrollo de interfaces de usuario, APIs y sistemas backend.

5. **Lanzamiento y Monetización**: Lanza la aplicación y establece un modelo de monetización. Esto puede incluir suscripciones, pagos por uso, publicidad y ventas de licencias.

Ejemplo: Chatbots para Atención al Cliente

Los chatbots basados en IA pueden proporcionar atención al cliente 24/7, respondiendo preguntas frecuentes, resolviendo problemas y mejorando la satisfacción del cliente. Empresas de todos los tamaños están adoptando chatbots para reducir costos y mejorar la eficiencia operativa. Un ejemplo de éxito es ManyChat, una plataforma que permite a las empresas crear chatbots personalizados para Facebook Messenger y otras aplicaciones de mensajería. ManyChat monetiza su plataforma mediante un modelo de suscripción, ofreciendo funciones avanzadas a cambio de una tarifa mensual.

Consultoría y Servicios de IA

Si tienes conocimientos en IA, puedes ofrecer tus servicios como consultor, ayudando a empresas a implementar soluciones de IA. Esto puede incluir desde la asesoría en la selección de tecnologías hasta el desarrollo e implementación de proyectos de IA.

Pasos para Ofrecer Consultoría en IA

1. **Construcción de tu Portafolio**: Muestra tus habilidades y experiencia en IA mediante un portafolio de proyectos anteriores. Incluye ejemplos de modelos que has desarrollado y los resultados obtenidos.

2. **Definición de Servicios**: Define claramente los servicios que ofreces, como la asesoría en la estrategia de IA, el desarrollo de modelos personalizados y la implementación de soluciones de IA.

3. **Marketing y Adquisición de Clientes**: Utiliza plataformas de freelancing, redes profesionales y marketing digital para promocionar tus servicios y atraer clientes potenciales.

4. **Ejecución de Proyectos**: Trabaja estrechamente con tus clientes para entender sus necesidades y desarrollar soluciones de IA que resuelvan sus problemas específicos.

5. **Monetización y Expansión**: Establece tarifas competitivas y busca oportunidades para expandir tus servicios, como la formación en IA y el soporte continuo.

Ejemplo: Consultoría en Optimización de Procesos

Un consultor de IA puede ayudar a una empresa de manufactura a optimizar sus procesos de producción utilizando algoritmos de aprendizaje automático para predecir fallos en la maquinaria y optimizar la programación del mantenimiento. Esto puede resultar en una reducción significativa de los costos operativos y una mejora en la eficiencia de la producción. Empresas como McKinsey & Company ofrecen servicios de consultoría en IA, ayudando a organizaciones a transformar sus operaciones mediante la adopción de tecnologías avanzadas.

Freelance y Consultoría

Trabajos Freelance en IA

El mercado freelance ofrece numerosas oportunidades para profesionales de la IA. Puedes ofrecer tus habilidades en plataformas como Upwork, Freelancer y Toptal, trabajando en proyectos de corta y larga duración para empresas de todo el mundo.

Pasos para Convertirse en Freelancer de IA

1. **Perfil Profesional**: Crea un perfil profesional en plataformas de freelancing, destacando tus habilidades y experiencia en IA.

2. **Construcción de una Cartera**: Muestra ejemplos de trabajos anteriores, incluyendo proyectos personales y colaboraciones, para atraer a posibles clientes.

3. **Redes y Marketing**: Utiliza redes sociales profesionales como LinkedIn para conectar con clientes potenciales y promocionar tus servicios.

4. **Selección de Proyectos**: Elige proyectos que se alineen con tus habilidades y que ofrezcan oportunidades de crecimiento y aprendizaje.

5. **Gestión de Proyectos**: Gestiona tus proyectos de manera eficiente, asegurando la entrega a tiempo y la satisfacción del cliente.

Ejemplo: Desarrollo de Modelos de IA Personalizados

Como freelancer, puedes ofrecer servicios de desarrollo de modelos de IA personalizados para empresas que necesiten soluciones específicas. Por ejemplo, podrías trabajar en la creación de un modelo de recomendación para un sitio de comercio electrónico, mejorando la personalización de la experiencia del usuario y aumentando las ventas.

Inversiones en Empresas de IA

Identificación de Oportunidades de Inversión

Invertir en empresas que están desarrollando tecnologías de IA puede ser una excelente manera de generar ingresos. Esto incluye tanto acciones de empresas cotizadas como inversiones en startups.

Pasos para Invertir en Empresas de IA

1. **Investigación de Mercado**: Investiga el mercado de la IA para identificar empresas con alto potencial de crecimiento.

2. **Análisis de Empresas**: Analiza las finanzas, la tecnología y el equipo de gestión de las empresas para evaluar su potencial de éxito.

3. **Diversificación de la Inversión**: Diversifica tus inversiones para minimizar riesgos, invirtiendo en una variedad de empresas y sectores dentro de la IA.

4. **Monitoreo y Gestión**: Monitorea tus inversiones de manera regular y ajusta tu cartera según sea necesario para maximizar los rendimientos.

5. **Inversiones a Largo Plazo**: Considera mantener tus inversiones a largo plazo para aprovechar el crecimiento continuo del mercado de la IA.

Ejemplo: Inversión en Startups de IA

Invertir en startups de IA puede ofrecer rendimientos significativos si la empresa tiene éxito. Plataformas como AngelList permiten a los inversores participar en rondas de financiación de startups de IA. Por ejemplo, invertir en una startup que desarrolla tecnología de visión por computadora para la industria de la seguridad puede resultar en altos rendimientos si la empresa logra comercializar su producto y ganar cuota de mercado.

Automatización de Negocios

Implementación de IA para la Automatización

La IA puede ayudarte a automatizar procesos en tu propio negocio, reduciendo costos y mejorando la eficiencia. Esto puede incluir desde la automatización del servicio al cliente hasta la optimización de la cadena de suministro.

Pasos para Automatizar un Negocio con IA

1. **Identificación de Procesos**: Identifica los procesos que pueden ser automatizados utilizando IA, como la gestión de inventarios, el marketing y la atención al cliente.

2. **Selección de Herramientas**: Selecciona herramientas y plataformas de IA que puedan ayudarte a automatizar estos procesos.

3. **Integración de Sistemas**: Integra las herramientas de IA en tus sistemas existentes para garantizar una operación fluida.

4. **Entrenamiento y Monitoreo**: Entrena a tus empleados en el uso de las nuevas herramientas y monitorea el rendimiento para identificar áreas de mejora.

5. **Optimización Continua**: Optimiza continuamente los procesos automatizados para maximizar los beneficios.

Ejemplo: Automatización del Marketing Digital

Puedes utilizar plataformas de marketing digital basadas en IA para automatizar campañas publicitarias, segmentación de audiencias y generación de contenido. Herramientas como HubSpot y Marketo utilizan algoritmos de aprendizaje automático para analizar datos de clientes y optimizar campañas en tiempo real, mejorando el retorno de la inversión y aumentando las conversiones.

Creación de Contenido y Marketing

Generación de Contenido con IA

La IA puede ayudarte a generar contenido personalizado y campañas de marketing más efectivas. Herramientas de IA pueden analizar datos de clientes para crear contenido que resuene mejor con tu audiencia, aumentando así las conversiones y ventas.

Pasos para Generar Contenido con IA

1. **Análisis de Audiencia**: Utiliza herramientas de análisis de datos para entender las preferencias y comportamientos de tu audiencia.

2. **Selección de Herramientas de IA**: Elige herramientas de IA que puedan ayudarte a generar contenido, como GPT-3 de OpenAI para la generación de texto o herramientas de análisis de imágenes para el contenido visual.

3. **Creación de Contenido Personalizado**: Utiliza las herramientas de IA para crear contenido personalizado que se alinee con los intereses y necesidades de tu audiencia.

4. **Distribución y Promoción**: Distribuye el contenido a través de tus canales de marketing y utiliza herramientas de IA para optimizar las campañas publicitarias.

5. **Medición y Ajuste**: Mide el rendimiento del contenido y ajusta tu estrategia en función de los resultados obtenidos.

Ejemplo: Contenido Generado por GPT-3

GPT-3 de OpenAI es una herramienta poderosa para la generación de contenido. Puedes utilizar GPT-3 para crear artículos de blog, descripciones de productos y publicaciones en redes sociales que resuenen con tu audiencia y mejoren el compromiso. Empresas como Copy.ai ofrecen servicios basados en GPT-3 para ayudar a las empresas a generar contenido de alta calidad de manera eficiente.

Ejemplos Detallados y Casos de Éxito

Ejemplo 1: OpenAI y ChatGPT

OpenAI ha desarrollado modelos de lenguaje avanzados como ChatGPT, que pueden ser utilizados para una variedad de aplicaciones comerciales, desde asistentes virtuales hasta generación de contenido. OpenAI ofrece su tecnología a través de una API, permitiendo a las empresas integrar capacidades de procesamiento del lenguaje natural en sus productos y servicios. La monetización se realiza a través de modelos de suscripción y tarifas por uso.

Ejemplo 2: Zebra Medical Vision

Zebra Medical Vision utiliza algoritmos de aprendizaje profundo para analizar imágenes médicas y detectar una variedad de condiciones. Su plataforma ofrece diagnósticos precisos y rápidos, ayudando a los médicos a tomar decisiones informadas. Zebra monetiza su tecnología mediante la venta de licencias de software a hospitales y clínicas, así como mediante la colaboración con fabricantes de equipos médicos.

Ejemplo 3: AlphaSense

AlphaSense utiliza algoritmos de aprendizaje automático para proporcionar análisis de datos financieros y empresariales. Su plataforma ayuda a las empresas a tomar decisiones informadas basadas en insights extraídos de grandes volúmenes de datos. AlphaSense monetiza su tecnología mediante suscripciones a su plataforma de análisis, ofreciendo diferentes niveles de acceso y funcionalidad.

Conclusión del Capítulo

En este capítulo, hemos explorado diversas estrategias y ejemplos prácticos de cómo puedes generar dinero utilizando inteligencia artificial. Desde el desarrollo de aplicaciones y servicios hasta la consultoría, las inversiones en empresas de IA y la automatización de negocios, la IA ofrece múltiples vías para convertir el conocimiento y las herramientas en ganancias. Al comprender estas oportunidades y seguir los pasos prácticos proporcionados, puedes aprovechar el potencial de la IA para crear ingresos y valor en tu propio contexto. En los próximos capítulos, exploraremos en profundidad las herramientas y plataformas de IA que puedes utilizar para implementar estas estrategias y maximizar tus oportunidades de éxito.

Capítulo 4: Herramientas y Plataformas de IA

Introducción

Para aprovechar el potencial de la inteligencia artificial (IA) y aplicarla en diversas áreas, es crucial conocer las herramientas y plataformas disponibles. Estas herramientas permiten a los desarrolladores, investigadores y empresas crear, implementar y gestionar soluciones de IA de manera eficiente. En este capítulo, exploraremos las herramientas y plataformas más populares y cómo pueden ayudarte a desarrollar y desplegar aplicaciones de IA. Desde bibliotecas de código abierto hasta servicios en la nube, comprender estas herramientas te permitirá maximizar el impacto de tus proyectos de IA.

Plataformas de Desarrollo de IA

TensorFlow

Descripción

TensorFlow es una biblioteca de código abierto desarrollada por Google para el aprendizaje automático y el aprendizaje profundo. Es ampliamente utilizada por investigadores y desarrolladores para crear modelos de IA avanzados.

Características Principales

- **Compatibilidad Multiplataforma**: TensorFlow puede ejecutarse en múltiples plataformas, incluyendo CPUs, GPUs y TPUs.

54

- **Modelos Preentrenados**: Ofrece una amplia gama de modelos preentrenados que pueden ser fácilmente adaptados a tus necesidades.

- **TensorFlow Extended (TFX)**: Un conjunto de herramientas para la producción y despliegue de modelos de aprendizaje automático a gran escala.

- **TensorFlow Lite**: Una versión ligera de TensorFlow diseñada para dispositivos móviles y embebidos.

- **TensorFlow.js**: Permite el desarrollo de modelos de IA en JavaScript y su ejecución en navegadores web.

Aplicaciones y Casos de Uso

- **Visión por Computadora**: TensorFlow es ampliamente utilizado en aplicaciones de visión por computadora, como la detección de objetos y el reconocimiento de imágenes.

- **Procesamiento del Lenguaje Natural (NLP)**: Utilizado para desarrollar modelos de NLP, como chatbots y análisis de sentimientos.

- **Análisis Predictivo**: Aplicado en la predicción de series temporales y la detección de anomalías en datos financieros y de salud.

Ejemplo: Google Photos

Google Photos utiliza TensorFlow para el reconocimiento de imágenes y la organización automática de fotos. Los algoritmos de aprendizaje profundo identifican personas, lugares y objetos en las fotos, permitiendo una búsqueda y categorización eficientes.

PyTorch

Descripción

PyTorch es una biblioteca de aprendizaje automático de código abierto desarrollada por Facebook. Es conocida por su flexibilidad y facilidad de uso, lo que la convierte en una opción popular entre los investigadores y desarrolladores.

Características Principales

- **Tensors**: PyTorch utiliza tensores, estructuras de datos similares a los arrays de NumPy, para representar y manipular datos.

- **Autograd**: Una herramienta de diferenciación automática que facilita el cálculo de gradientes para la optimización de modelos.

- **Biblioteca Extensa**: Incluye una amplia gama de funciones y módulos para el desarrollo de modelos de aprendizaje profundo.

- **Integración con Python**: PyTorch se integra de manera fluida con otras bibliotecas de Python, como NumPy y SciPy.

- **TorchScript**: Permite la transición de modelos de investigación a producción sin necesidad de reescribir el código.

Aplicaciones y Casos de Uso

- **Visión por Computadora**: PyTorch es utilizado en aplicaciones de visión por computadora, como la clasificación de imágenes y la segmentación semántica.

- **NLP**: Desarrolladores utilizan PyTorch para crear modelos de NLP, incluyendo traducción automática y generación de texto.

- **Investigación y Desarrollo**: PyTorch es popular en la comunidad de investigación debido a su flexibilidad y facilidad de uso para la experimentación.

Ejemplo: Facebook AI Research (FAIR)

El equipo de Facebook AI Research (FAIR) utiliza PyTorch para desarrollar modelos de IA avanzados, como el sistema de traducción automática de Facebook. PyTorch permite a los investigadores experimentar rápidamente con nuevas ideas y llevarlas a producción de manera eficiente.

Herramientas de Automatización

Zapier

Descripción

Zapier es una herramienta de automatización que conecta aplicaciones y servicios para automatizar flujos de trabajo. Utiliza un enfoque basado en "Zaps", que son flujos de trabajo automatizados que se activan por eventos específicos.

Características Principales

- **Conectores**: Zapier soporta miles de aplicaciones y servicios, incluyendo Gmail, Slack, Salesforce y muchas más.

- **Flujos de Trabajo Personalizados**: Permite la creación de flujos de trabajo personalizados sin necesidad de programación.

- **Triggers y Actions**: Los "triggers" son eventos que activan los "actions", que son tareas que se ejecutan automáticamente.

- **Fácil de Usar**: Interfaz intuitiva y fácil de usar que permite la creación de automatizaciones complejas sin conocimientos técnicos.

- **Multi-Step Zaps**: Permite la creación de flujos de trabajo con múltiples pasos y condiciones.

Aplicaciones y Casos de Uso

- **Automatización de Marketing**: Integrar aplicaciones de marketing para automatizar la captura y el seguimiento de clientes potenciales.

- **Gestión de Proyectos**: Sincronizar tareas y proyectos entre diferentes aplicaciones de gestión de proyectos.

- **Automatización de Ventas**: Automatizar la entrada de datos y la gestión de clientes en sistemas de CRM.

Ejemplo: Automatización de Seguimiento de Clientes

Una empresa puede utilizar Zapier para automatizar el seguimiento de clientes potenciales. Cuando se recibe un nuevo formulario de contacto en el sitio web, Zapier puede crear automáticamente una nueva entrada en el CRM, enviar un correo electrónico de bienvenida al cliente potencial y crear una tarea de seguimiento para el equipo de ventas.

UiPath

Descripción

UiPath es una plataforma de automatización de procesos robóticos (RPA) que permite a las organizaciones automatizar tareas repetitivas y basadas en reglas.

Características Principales

- **Arrastrar y Soltar**: Interfaz visual que permite crear flujos de trabajo automatizados mediante arrastrar y soltar.

- **Automatización de Desktop y Web**: Capacidad para automatizar tareas en aplicaciones de escritorio y web.

- **Reconocimiento de Imágenes**: Utiliza técnicas de reconocimiento de imágenes para interactuar con elementos de la interfaz de usuario.

- **Integración con IA**: Integración con herramientas de IA para tareas avanzadas como el procesamiento de lenguaje natural y el análisis de datos.

- **Seguridad y Compliance**: Funcionalidades de seguridad y cumplimiento para asegurar que las automatizaciones cumplan con las regulaciones y políticas de la organización.

Aplicaciones y Casos de Uso

- **Automatización de Procesos Financieros**: Automatización de tareas como la reconciliación de cuentas y la generación de informes financieros.

- **Gestión de Recursos Humanos**: Automatización de procesos de reclutamiento, incorporación y gestión de personal.

- **Servicio al Cliente**: Automatización de la entrada de datos y la gestión de tickets en sistemas de atención al cliente.

Ejemplo: Automatización de Procesos Financieros en Bancos

Un banco puede utilizar UiPath para automatizar la reconciliación de cuentas. El robot de UiPath puede acceder a los sistemas financieros, extraer datos relevantes, comparar transacciones y generar informes de reconciliación. Esto reduce significativamente el tiempo y el esfuerzo necesarios para completar estas tareas, mejorando la eficiencia y la precisión.

Servicios en la Nube para IA

Google Cloud AI

Descripción

Google Cloud AI ofrece una amplia gama de servicios de IA en la nube, que incluyen herramientas para el aprendizaje automático, el procesamiento del lenguaje natural, la visión por computadora y más.

Características Principales

- **AutoML**: Permite a los desarrolladores entrenar modelos personalizados de aprendizaje automático sin necesidad de experiencia en IA.

- **Cloud Vision API**: Proporciona capacidades de análisis de imágenes, como la detección de objetos y la extracción de texto.

- **Cloud Natural Language API**: Ofrece análisis de sentimientos, extracción de entidades y análisis sintáctico.

- **TensorFlow Extended (TFX)**: Un conjunto de herramientas para la producción y despliegue de modelos de aprendizaje automático a gran escala.

- **BigQuery ML**: Permite a los usuarios crear y ejecutar modelos de aprendizaje automático directamente en BigQuery utilizando SQL.

Aplicaciones y Casos de Uso

- **Análisis de Imágenes**: Utilización de la Cloud Vision API para identificar y clasificar objetos en imágenes.

- **Análisis de Sentimientos**: Uso de la Cloud Natural Language API para analizar opiniones de clientes y extraer insights valiosos.

- **Modelos Personalizados**: Creación de modelos de aprendizaje automático personalizados utilizando AutoML y TensorFlow.

Ejemplo: Clasificación de Imágenes en el Comercio Electrónico

Una empresa de comercio electrónico puede utilizar la Cloud Vision API de Google para clasificar automáticamente imágenes de productos. Esto facilita la gestión del catálogo de productos, mejora la precisión de las búsquedas y optimiza la experiencia del usuario.

AWS Machine Learning

Descripción

AWS Machine Learning ofrece una suite completa de servicios de aprendizaje automático y herramientas que permiten a los desarrolladores crear, entrenar e implementar modelos de IA en la nube de Amazon.

Características Principales

- **Amazon SageMaker**: Plataforma integral para el desarrollo, entrenamiento e implementación de modelos de aprendizaje automático.

- **Amazon Rekognition**: Servicio de análisis de imágenes y videos que ofrece capacidades de reconocimiento facial y detección de objetos.

- **Amazon Comprehend**: Servicio de procesamiento del lenguaje natural que analiza texto para extraer información relevante.

- **Amazon Lex**: Plataforma para la creación de chatbots y asistentes virtuales con capacidades de procesamiento del lenguaje natural.

- **Amazon Polly**: Servicio de conversión de texto a voz que genera discurso natural en múltiples idiomas.

Aplicaciones y Casos de Uso

- **Desarrollo de Modelos de IA**: Utilización de Amazon SageMaker para entrenar e implementar modelos de aprendizaje automático.

- **Reconocimiento Facial**: Uso de Amazon Rekognition para la verificación de identidad y la seguridad.

- **Análisis de Texto**: Utilización de Amazon Comprehend para el análisis de opiniones de clientes y la extracción de entidades.

Ejemplo: Creación de un Asistente Virtual

Una empresa de servicios financieros puede utilizar Amazon Lex para crear un asistente virtual que responda preguntas frecuentes de los clientes. El asistente puede integrarse con Amazon Polly para proporcionar respuestas de voz, mejorando la experiencia del cliente y reduciendo la carga de trabajo del equipo de atención al cliente.

Microsoft Azure AI

Descripción

Microsoft Azure AI ofrece una amplia gama de servicios de IA que incluyen herramientas para el aprendizaje automático, la visión por computadora, el procesamiento del lenguaje natural y más.

Características Principales

- **Azure Machine Learning**: Plataforma para la creación, entrenamiento y despliegue de modelos de aprendizaje automático.

- **Cognitive Services**: Conjunto de APIs que proporcionan capacidades de visión, habla, lenguaje y toma de decisiones.

- **Bot Service**: Plataforma para la creación, despliegue y gestión de chatbots.

- **Azure Cognitive Search**: Servicio de búsqueda inteligente que permite a los desarrolladores agregar capacidades de búsqueda avanzadas a sus aplicaciones.

- **Azure Databricks**: Plataforma de análisis de datos basada en Apache Spark, optimizada para el aprendizaje automático y el análisis de grandes volúmenes de datos.

Aplicaciones y Casos de Uso

- **Análisis Predictivo**: Utilización de Azure Machine Learning para crear modelos de predicción de ventas y demanda.

- **Reconocimiento de Voz**: Uso de Azure Cognitive Services para el reconocimiento y la transcripción de voz en aplicaciones de dictado y asistentes virtuales.

- **Automatización de Procesos**: Creación de chatbots con el Bot Service para automatizar la atención al cliente.

Ejemplo: Predicción de Demanda en Retail

Un minorista puede utilizar Azure Machine Learning para predecir la demanda de productos y optimizar la gestión de inventarios. Los modelos de aprendizaje automático pueden analizar datos históricos de ventas y factores externos, como las tendencias del mercado y el clima, para proporcionar predicciones precisas que mejoren la eficiencia operativa.

Bibliotecas y Frameworks de IA

Scikit-learn

Descripción

Scikit-learn es una biblioteca de aprendizaje automático de código abierto para Python que proporciona herramientas simples y eficientes para el análisis y la modelación de datos.

Características Principales

- **Modelos Supervisados y No Supervisados**: Ofrece una amplia gama de algoritmos para el aprendizaje supervisado y no supervisado, como regresión, clasificación y clustering.

- **Preprocesamiento de Datos**: Incluye herramientas para la transformación y el escalado de datos.

- **Evaluación de Modelos**: Proporciona métricas y técnicas de validación cruzada para evaluar el rendimiento de los modelos.

- **Extensible**: Fácil de integrar con otras bibliotecas de Python, como NumPy, SciPy y pandas.

- **Documentación Extensa**: Amplia documentación y ejemplos que facilitan el aprendizaje y la implementación de algoritmos de aprendizaje automático.

Aplicaciones y Casos de Uso

- **Clasificación de Datos**: Utilización de algoritmos de clasificación para categorizar datos en diferentes clases.

- **Regresión**: Aplicación de modelos de regresión para predecir valores continuos.

- **Clustering**: Uso de técnicas de clustering para agrupar datos en clusters basados en similitudes.

Ejemplo: Predicción de Precios de Viviendas

Un analista de datos puede utilizar Scikit-learn para desarrollar un modelo de regresión que prediga los precios de viviendas en función de características como el tamaño, la ubicación y el año de construcción. Este modelo puede ayudar a los agentes inmobiliarios y a los compradores a tomar decisiones informadas.

Keras

Descripción

Keras es una biblioteca de aprendizaje profundo de alto nivel para Python, que permite la creación y el entrenamiento de redes neuronales de manera fácil y rápida. Funciona sobre backends como TensorFlow, Theano y Microsoft Cognitive Toolkit (CNTK).

Características Principales

- **Simplicidad y Flexibilidad**: Diseño modular que permite construir y entrenar modelos de manera sencilla.

- **Modelos Secuenciales y Funcionales**: Soporte para modelos secuenciales y arquitecturas más complejas utilizando el modelo funcional.

- **Amplia Gama de Capas**: Proporciona una variedad de capas, incluyendo densas, convolucionales, recurrentes y de normalización.

- **Integración con TensorFlow**: Funciona sobre TensorFlow, lo que permite aprovechar sus capacidades avanzadas y su soporte para la producción.

- **Soporte para GPUs**: Aceleración del entrenamiento de modelos mediante el uso de GPUs.

Aplicaciones y Casos de Uso

- **Reconocimiento de Imágenes**: Utilización de redes neuronales convolucionales para la clasificación y detección de objetos en imágenes.

- **Procesamiento del Lenguaje Natural**: Desarrollo de modelos de NLP para tareas como la traducción automática y el análisis de sentimientos.

- **Series Temporales**: Aplicación de redes neuronales recurrentes para la predicción de series temporales y el análisis de datos secuenciales.

Ejemplo: Clasificación de Imágenes con CNNs

Un desarrollador puede utilizar Keras para construir y entrenar una red neuronal convolucional (CNN) que clasifique imágenes de animales en diferentes categorías, como perros, gatos y caballos. Este modelo puede ser utilizado en aplicaciones de visión por computadora, como sistemas de monitoreo de fauna y zoológicos.

Recursos de Aprendizaje

Coursera

Descripción

Coursera es una plataforma de aprendizaje en línea que ofrece cursos, especializaciones y programas de certificación en una amplia gama de disciplinas, incluida la inteligencia artificial y el aprendizaje automático.

Características Principales

- **Amplia Gama de Cursos**: Ofrece cursos sobre IA, aprendizaje automático, visión por computadora, NLP y más, impartidos por universidades y empresas líderes.

- **Certificaciones**: Proporciona certificaciones reconocidas que pueden mejorar tu perfil profesional.

- **Flexibilidad**: Permite aprender a tu propio ritmo, con acceso a materiales de curso y tareas en cualquier momento.

- **Interacción con Instructores**: Posibilidad de interactuar con instructores y compañeros de clase a través de foros y sesiones en vivo.

- **Proyectos Prácticos**: Incluye proyectos prácticos que te permiten aplicar lo aprendido en situaciones del mundo real.

Ejemplo: Especialización en Aprendizaje Automático de Stanford

La especialización en aprendizaje automático de Stanford, impartida por Andrew Ng, es uno de los cursos más populares en Coursera. Cubre los fundamentos del aprendizaje automático, incluyendo regresión lineal, redes neuronales y clustering, y proporciona una base sólida para aplicar estas técnicas en proyectos del mundo real.

Udacity

Descripción

Udacity es una plataforma de aprendizaje en línea que ofrece programas de nanodegrees en tecnología, incluidos IA, aprendizaje profundo y análisis de datos.

Características Principales

- **Nanodegrees**: Programas intensivos que proporcionan habilidades prácticas y aplicables en áreas específicas de tecnología.

- **Proyectos del Mundo Real**: Incluye proyectos prácticos que te permiten trabajar en problemas reales y construir un portafolio.

- **Mentoría Personalizada**: Acceso a mentores que te guían y proporcionan retroalimentación en tus proyectos.

- **Soporte de Carrera**: Servicios de apoyo profesional, como revisión de CV y preparación para entrevistas.

- **Contenido Actualizado**: Cursos desarrollados en colaboración con empresas líderes de la industria para garantizar la relevancia y la aplicabilidad.

Ejemplo: Nanodegree en Deep Learning

El nanodegree en deep learning de Udacity cubre temas como redes neuronales, redes convolucionales, redes recurrentes y generación de secuencias. Los estudiantes trabajan en proyectos prácticos, como la generación de texto y la clasificación de imágenes, y reciben retroalimentación personalizada de mentores.

Kaggle

Descripción

Kaggle es una plataforma en línea para competiciones de aprendizaje automático y un recurso valioso para la práctica y el aprendizaje de técnicas de IA.

Características Principales

- **Competiciones**: Ofrece competiciones donde los participantes pueden resolver problemas de aprendizaje automático y ganar premios.

- **Datasets**: Proporciona una amplia gama de datasets públicos que puedes utilizar para practicar y desarrollar modelos.

- **Kernels**: Ofrece notebooks interactivos donde puedes desarrollar y compartir tu código con la comunidad.

- **Aprendizaje y Tutoriales**: Incluye cursos y tutoriales gratuitos sobre temas de aprendizaje automático y ciencia de datos.

- **Comunidad Activa**: Comunidad vibrante de profesionales y entusiastas de la IA que comparten conocimientos y colaboran en proyectos.

Ejemplo: Competición de Predicción de Ventas

Una empresa puede organizar una competición en Kaggle para predecir las ventas futuras basadas en datos históricos y factores externos. Los participantes desarrollan modelos de aprendizaje automático para predecir las ventas, y los mejores modelos son premiados. Esto no solo proporciona soluciones innovadoras a la empresa, sino que también permite a los participantes practicar y mejorar sus habilidades.

Conclusión del Capítulo

En este capítulo, hemos explorado en detalle las herramientas y plataformas más populares para el desarrollo e implementación de soluciones de inteligencia artificial. Desde bibliotecas de código abierto como TensorFlow y PyTorch hasta servicios en la nube como Google Cloud AI, AWS Machine Learning y Microsoft Azure AI, estas herramientas te proporcionan los recursos necesarios para desarrollar aplicaciones de IA avanzadas. Además, hemos discutido herramientas de automatización como Zapier y UiPath, y recursos de aprendizaje como Coursera, Udacity y Kaggle, que pueden ayudarte a mejorar tus habilidades y conocimientos en IA. Con estas herramientas a tu disposición, estás bien equipado para aprovechar el potencial de la IA y generar ingresos mediante su aplicación en diversos contextos. En los próximos capítulos, exploraremos los desafíos y consideraciones éticas en el uso de la IA, así como el futuro potencial de esta tecnología.

Capítulo 5: Desafíos y Consideraciones Éticas en la Inteligencia Artificial

Introducción

La inteligencia artificial (IA) ofrece enormes beneficios y oportunidades, pero también plantea una serie de desafíos y consideraciones éticas que deben abordarse. Desde problemas técnicos y de seguridad hasta cuestiones de privacidad y sesgo, es crucial que desarrollemos y utilicemos la IA de manera responsable y ética. Este capítulo examinará los principales desafíos y consideraciones éticas asociados con la IA, proporcionando un marco para comprender y mitigar estos problemas.

Desafíos Técnicos

Escalabilidad

Descripción

La escalabilidad se refiere a la capacidad de un sistema de IA para manejar grandes volúmenes de datos y realizar cálculos complejos de manera eficiente. A medida que las aplicaciones de IA crecen en tamaño y complejidad, la escalabilidad se convierte en un desafío crucial.

Problemas Comunes

- **Requisitos Computacionales**: Los modelos de IA, especialmente los de aprendizaje profundo, requieren una gran cantidad de recursos computacionales, incluidos procesadores potentes y grandes cantidades de memoria.

- **Optimización de Algoritmos**: Los algoritmos deben ser optimizados para manejar grandes conjuntos de datos sin perder precisión ni eficiencia.

- **Infraestructura**: La infraestructura tecnológica debe ser capaz de soportar la carga de trabajo intensiva en datos y procesamiento.

Estrategias de Mitigación

- **Uso de GPUs y TPUs**: Aprovechar unidades de procesamiento gráfico (GPU) y unidades de procesamiento tensorial (TPU) para acelerar el entrenamiento y la inferencia de modelos.

- **Algoritmos de Reducción de Dimensionalidad**: Utilizar técnicas como PCA (análisis de componentes principales) para reducir la dimensionalidad de los datos y mejorar la eficiencia del procesamiento.

- **Computación en la Nube**: Utilizar servicios en la nube como AWS, Google Cloud y Microsoft Azure para escalar la infraestructura según sea necesario.

Ejemplo: Google Search

Google Search maneja miles de millones de consultas cada día y utiliza modelos de IA para proporcionar resultados relevantes y precisos. Para lograr esto, Google ha desarrollado una infraestructura altamente escalable que incluye el uso de TPUs y técnicas avanzadas de optimización de algoritmos.

Seguridad de los Datos

Descripción

La seguridad de los datos es una preocupación importante en la IA, ya que los modelos a menudo requieren acceso a grandes volúmenes de datos personales y sensibles.

Problemas Comunes

- **Acceso No Autorizado**: Los datos pueden ser vulnerables a accesos no autorizados y ciberataques.

- **Filtraciones de Datos**: Las filtraciones de datos pueden exponer información sensible y dañar la reputación de las organizaciones.

- **Privacidad de los Datos**: Asegurar la privacidad de los datos es crucial para cumplir con regulaciones y mantener la confianza del usuario.

Estrategias de Mitigación

- **Cifrado de Datos**: Utilizar técnicas de cifrado para proteger los datos tanto en tránsito como en reposo.

- **Controles de Acceso**: Implementar controles de acceso estrictos para garantizar que solo los usuarios autorizados puedan acceder a los datos.

- **Anonimización y Seudonimización**: Aplicar técnicas de anonimización y seudonimización para proteger la identidad de las personas en los datos.

Ejemplo: Apple y la Privacidad de Datos

Apple ha implementado políticas estrictas de privacidad y seguridad de datos en sus productos y servicios. Utiliza técnicas de cifrado y anonimización para proteger la información de los usuarios, y solo permite el acceso a datos bajo condiciones estrictamente controladas.

Transparencia y Explicabilidad

Descripción

La transparencia y la explicabilidad se refieren a la capacidad de comprender cómo y por qué un modelo de IA toma ciertas decisiones. Esto es crucial para generar confianza y garantizar que las decisiones de la IA sean justas y responsables.

Problemas Comunes

- **Caja Negra**: Los modelos de IA, especialmente los de aprendizaje profundo, a menudo funcionan como una "caja negra", donde los procesos internos son opacos y difíciles de interpretar.

- **Toma de Decisiones**: La falta de transparencia puede dificultar la identificación y corrección de errores o sesgos en las decisiones de la IA.

- **Cumplimiento Regulatorio**: Las regulaciones cada vez más estrictas requieren que las organizaciones proporcionen explicaciones claras y comprensibles sobre cómo funcionan sus sistemas de IA.

Estrategias de Mitigación

- **Modelos Interpretable**: Utilizar modelos más simples y transparentes cuando sea posible, como árboles de decisión y regresión lineal.

- **Técnicas de Interpretación**: Implementar técnicas de interpretación, como LIME (Local

Interpretable Model-agnostic Explanations) y SHAP (SHapley Additive exPlanations), para explicar las decisiones de modelos complejos.

- **Documentación y Auditoría**: Mantener una documentación detallada y realizar auditorías regulares de los modelos de IA para asegurar la transparencia y la responsabilidad.

Ejemplo: Microsoft Azure InterpretML

Microsoft Azure ofrece la herramienta InterpretML, que proporciona técnicas para interpretar y explicar modelos de aprendizaje automático. Esto permite a los desarrolladores y usuarios comprender mejor cómo y por qué los modelos toman ciertas decisiones.

Consideraciones Éticas

Bias y Discriminación

Descripción

La IA puede perpetuar y amplificar sesgos existentes si los datos utilizados para entrenar los modelos están sesgados. Esto puede llevar a decisiones injustas y discriminatorias.

Problemas Comunes

- **Datos Sesgados**: Los datos históricos pueden contener sesgos implícitos que se trasladan a los modelos de IA.

- **Algoritmos Discriminatorios**: Los algoritmos pueden tomar decisiones discriminatorias si no se diseñan y supervisan adecuadamente.

- **Impacto en Grupos Vulnerables**: Los sesgos en la IA pueden tener un impacto desproporcionado en grupos vulnerables y minoritarios.

Estrategias de Mitigación

- **Diversificación de Datos**: Asegurar que los datos utilizados para entrenar los modelos sean diversos y representativos.

- **Auditoría de Sesgos**: Realizar auditorías regulares de los modelos para identificar y corregir sesgos.

- **Transparencia y Supervisión**: Implementar mecanismos de transparencia y supervisión para monitorear y mitigar los sesgos en las decisiones de la IA.

Ejemplo: Compas y el Sesgo en la Justicia Penal

El sistema de evaluación de riesgo COMPAS ha sido criticado por sesgo racial en la justicia penal. Estudios han demostrado que COMPAS tiende a sobrestimar el riesgo de reincidencia de las personas negras en comparación con las personas blancas. Este caso destaca la importancia de abordar los sesgos en los algoritmos de IA.

Impacto en el Empleo

Descripción

La automatización impulsada por la IA puede llevar a la pérdida de empleos en ciertos sectores, lo que plantea desafíos económicos y sociales.

Problemas Comunes

- **Desplazamiento Laboral**: La automatización de tareas repetitivas y rutinarias puede desplazar a los trabajadores.

- **Desigualdad Económica**: La adopción de la IA puede aumentar la desigualdad económica si los beneficios se concentran en un pequeño número de personas o empresas.

- **Falta de Habilidades**: Los trabajadores pueden carecer de las habilidades necesarias para adaptarse a los nuevos roles y oportunidades creadas por la IA.

Estrategias de Mitigación

- **Reentrenamiento y Capacitación**: Invertir en programas de reentrenamiento y capacitación para ayudar a los trabajadores a adquirir nuevas habilidades.

- **Políticas de Empleo**: Desarrollar políticas de empleo que apoyen la transición de los trabajadores a nuevas oportunidades laborales.

- **Distribución Equitativa de Beneficios**: Asegurar que los beneficios de la IA se distribuyan de manera equitativa para reducir la desigualdad económica.

Ejemplo: Programas de Capacitación en Tecnología

Empresas como IBM y Microsoft han lanzado programas de capacitación para ayudar a los trabajadores a desarrollar habilidades en IA y otras tecnologías avanzadas. Estos programas están diseñados para facilitar la transición a roles en demanda y mitigar el impacto del desplazamiento laboral.

Responsabilidad y Control

Descripción

A medida que los sistemas de IA se vuelven más autónomos, surge la pregunta de quién es responsable de sus acciones y decisiones.

Problemas Comunes

- **Responsabilidad Legal**: Determinar quién es legalmente responsable por las acciones de un sistema de IA puede ser complejo.

- **Control y Supervisión**: Asegurar que los sistemas de IA operen de manera segura y ética requiere mecanismos de control y supervisión adecuados.

- **Toma de Decisiones**: La delegación de decisiones importantes a la IA plantea preguntas sobre la pérdida de control humano.

Estrategias de Mitigación

- **Marco de Responsabilidad**: Establecer un marco claro de responsabilidad legal y ética para el desarrollo y uso de la IA.

- **Supervisión Humana**: Implementar mecanismos de supervisión humana para monitorear y controlar las decisiones de la IA.

- **Transparencia y Rendición de Cuentas**: Fomentar la transparencia y la rendición de cuentas en el desarrollo y la implementación de sistemas de IA.

Ejemplo: Regulaciones de Vehículos Autónomos

Las regulaciones de vehículos autónomos están evolucionando para abordar cuestiones de responsabilidad y control. Por ejemplo, algunos estados en EE.UU. han establecido requisitos de seguros y responsabilidad para los fabricantes de vehículos autónomos, asegurando que haya un marco claro para abordar los incidentes y accidentes.

Seguridad y Privacidad

Descripción

La seguridad y la privacidad son consideraciones críticas en el desarrollo y la implementación de sistemas de IA, especialmente cuando se manejan datos personales y sensibles.

Problemas Comunes

- **Vulnerabilidades de Seguridad**: Los sistemas de IA pueden ser vulnerables a ciberataques y manipulaciones.

- **Protección de Datos**: Asegurar la protección de datos personales y sensibles es crucial para mantener la confianza del usuario.

- **Regulaciones de Privacidad**: Cumplir con regulaciones de privacidad, como el GDPR en Europa, es esencial para evitar sanciones y proteger los derechos de los usuarios.

Estrategias de Mitigación

- **Seguridad por Diseño**: Incorporar principios de seguridad desde el inicio del desarrollo de sistemas de IA.

- **Encriptación y Anonimización**: Utilizar técnicas de encriptación y anonimización para proteger los datos personales.

- **Evaluaciones de Impacto de Privacidad**: Realizar evaluaciones de impacto de privacidad para identificar y mitigar riesgos asociados con el manejo de datos.

Ejemplo: Cumplimiento del GDPR

El Reglamento General de Protección de Datos (GDPR) en Europa establece requisitos estrictos para la protección de datos personales. Las empresas que desarrollan y utilizan IA deben asegurar el cumplimiento del GDPR mediante la implementación de políticas y prácticas adecuadas de privacidad y seguridad de datos.

Impacto Social y Ético

Descripción

El impacto social y ético de la IA es un área de creciente preocupación, ya que la tecnología puede influir en aspectos fundamentales de la sociedad, como la equidad, la justicia y la dignidad humana.

Problemas Comunes

- **Desigualdades Sociales**: La IA puede exacerbar las desigualdades sociales si no se implementa de manera equitativa.

- **Manipulación y Control**: La IA puede ser utilizada para manipular y controlar a las personas, socavando la autonomía y la libertad.

- **Desinformación**: La IA puede ser utilizada para generar y difundir desinformación, afectando la confianza y la cohesión social.

Estrategias de Mitigación

- **Ética por Diseño**: Incorporar principios éticos en el diseño y desarrollo de sistemas de IA.

- **Regulación y Gobernanza**: Desarrollar marcos regulatorios y de gobernanza para asegurar el uso responsable y ético de la IA.

- **Educación y Concienciación**: Fomentar la educación y la concienciación sobre los impactos sociales y éticos de la IA.

Ejemplo: Algoritmos de Noticias y Desinformación

Las plataformas de redes sociales utilizan algoritmos de IA para personalizar el contenido que los usuarios ven. Sin embargo, estos algoritmos pueden ser explotados para difundir desinformación y manipular la opinión pública. Las empresas de tecnología están trabajando para desarrollar políticas y tecnologías que mitiguen este problema, promoviendo la transparencia y la veracidad en la información.

Gobernanza y Regulación de la IA

Descripción

La gobernanza y la regulación de la IA son esenciales para garantizar que la tecnología se desarrolle y utilice de manera segura, ética y equitativa.

Problemas Comunes

- **Falta de Normativas**: La rápida evolución de la IA ha superado el desarrollo de normativas y marcos regulatorios adecuados.

- **Consistencia Global**: Las diferencias en las regulaciones entre países pueden crear desafíos para la implementación y el cumplimiento global.

- **Equilibrio entre Innovación y Regulación**: Encontrar un equilibrio entre fomentar la innovación y proteger a la sociedad es un desafío clave.

Estrategias de Mitigación

- **Desarrollo de Normativas**: Colaborar con gobiernos, organizaciones internacionales y partes interesadas para desarrollar normativas y marcos regulatorios adecuados.

- **Cooperación Internacional**: Fomentar la cooperación internacional para crear estándares y regulaciones consistentes y armonizadas.

- **Fomento de la Innovación Responsable**: Promover políticas que fomenten la innovación responsable y ética en el desarrollo y uso de la IA.

Ejemplo: Iniciativa de Ética en IA de la OCDE

La Organización para la Cooperación y el Desarrollo Económicos (OCDE) ha desarrollado directrices sobre la ética en IA, que incluyen principios de transparencia, equidad, responsabilidad y respeto por los derechos humanos. Estas directrices proporcionan un marco para la gobernanza y la regulación de la IA a nivel global.

Conclusión del Capítulo

En este capítulo, hemos explorado en profundidad los desafíos técnicos y las consideraciones éticas asociadas con la inteligencia artificial. Desde problemas de escalabilidad y seguridad de datos hasta cuestiones de bias, discriminación y responsabilidad, es crucial abordar estos desafíos para garantizar el desarrollo y uso responsable de la IA. Al comprender y mitigar estos problemas, podemos aprovechar el potencial de la IA para beneficiar a la sociedad de manera equitativa y justa. En los próximos capítulos, exploraremos el futuro potencial de la IA y las oportunidades que ofrece para la innovación y el progreso.

Capítulo 6: El Futuro de la Inteligencia Artificial

Introducción

La inteligencia artificial (IA) ha recorrido un largo camino, pero apenas estamos comenzando a arañar la superficie de su potencial. A medida que avanzamos hacia el futuro, las innovaciones en IA prometen transformar aún más nuestras vidas y abrir nuevas oportunidades en una amplia gama de sectores. Este capítulo explora las innovaciones emergentes, las oportunidades de negocio futuras y las implicaciones sociales y éticas del futuro de la IA. También abordaremos las preguntas sobre lo que la IA podría lograr en el futuro, dejando abierta la discusión para una próxima edición de este libro.

Innovaciones en Desarrollo

IA Cuántica

Descripción

La IA cuántica combina las capacidades de la computación cuántica con la inteligencia artificial para resolver problemas complejos que están más allá del alcance de las computadoras clásicas. La computación cuántica utiliza qubits que pueden representar múltiples estados simultáneamente, lo que permite realizar cálculos masivamente paralelos.

Características Principales

- **Superposición y Entrelazamiento**: Los qubits pueden estar en múltiples estados a la vez, lo que permite una mayor capacidad de procesamiento.

- **Velocidad y Eficiencia**: La IA cuántica puede resolver problemas complejos mucho más rápido que las computadoras clásicas.

- **Algoritmos Cuánticos**: Nuevos algoritmos diseñados específicamente para aprovechar las capacidades de la computación cuántica.

Aplicaciones y Casos de Uso

- **Optimización**: Resolución de problemas de optimización complejos en logística, finanzas y planificación de recursos.

- **Modelado Molecular**: Simulación de moléculas y reacciones químicas para el desarrollo de nuevos materiales y medicamentos.

- **Criptografía**: Desarrollo de sistemas de criptografía cuántica para mejorar la seguridad de los datos.

Ejemplo: IBM Quantum

IBM Quantum está liderando el desarrollo de la computación cuántica, ofreciendo acceso a computadoras cuánticas a través de la nube. La plataforma permite a los investigadores y desarrolladores experimentar con algoritmos cuánticos y explorar aplicaciones potenciales de la IA cuántica.

IA Emocional

Descripción

La IA emocional, también conocida como inteligencia emocional artificial, se enfoca en el desarrollo de sistemas que pueden reconocer, interpretar y responder a las emociones humanas. Utiliza técnicas de procesamiento del lenguaje natural, análisis de voz y reconocimiento facial para detectar emociones y adaptar las respuestas en consecuencia.

Características Principales

- **Reconocimiento de Emociones**: Capacidad para identificar emociones como felicidad, tristeza, ira y sorpresa a través de señales vocales y expresiones faciales.

- **Interacción Empática**: Adaptación de las respuestas y comportamientos del sistema para interactuar de manera empática con los usuarios.

- **Análisis de Sentimientos**: Evaluación de sentimientos en el texto y la voz para proporcionar una comprensión más profunda del estado emocional de los usuarios.

Aplicaciones y Casos de Uso

- **Atención al Cliente**: Mejora de la experiencia del cliente mediante la identificación y respuesta a sus emociones en tiempo real.

- **Salud Mental**: Provisión de apoyo emocional y terapéutico a través de chatbots y asistentes virtuales.

- **Educación**: Adaptación de métodos de enseñanza basados en el estado emocional y la motivación de los estudiantes.

Ejemplo: Affectiva

Affectiva desarrolla tecnologías de reconocimiento de emociones que utilizan análisis facial y de voz para detectar emociones en tiempo real. Sus soluciones se aplican en diversas áreas, como la investigación de mercado, la automoción y la atención al cliente, mejorando la interacción y la satisfacción del usuario.

Robótica Avanzada

Descripción

La robótica avanzada integra la inteligencia artificial con la robótica para crear robots más inteligentes y autónomos. Estos robots pueden realizar tareas complejas y adaptarse a entornos cambiantes, mejorando la eficiencia y la precisión en una variedad de aplicaciones.

Características Principales

- **Autonomía**: Capacidad para operar de manera independiente sin intervención humana.

- **Percepción y Sensores**: Uso de sensores avanzados y algoritmos de percepción para entender y navegar por el entorno.

- **Aprendizaje Adaptativo**: Capacidad para aprender y mejorar su desempeño a través de la experiencia y la interacción con el entorno.

Aplicaciones y Casos de Uso

- **Manufactura**: Robots colaborativos (cobots) que trabajan junto a los humanos en líneas de producción.

- **Logística**: Robots autónomos para la gestión de almacenes y la entrega de productos.

- **Salud y Asistencia**: Robots que proporcionan asistencia en entornos de atención médica y cuidado de personas mayores.

Ejemplo: Boston Dynamics

Boston Dynamics desarrolla robots avanzados como Spot, un robot cuadrúpedo que puede navegar de manera autónoma en terrenos difíciles y realizar tareas complejas. Spot se utiliza en diversas industrias, incluyendo la construcción, la inspección de instalaciones y la seguridad.

Oportunidades de Negocio Futuras

Salud Personalizada

Descripción

La salud personalizada utiliza la IA para proporcionar tratamientos médicos adaptados a las características individuales de cada paciente, como su genética, estilo de vida y antecedentes médicos.

Aplicaciones y Beneficios

- **Diagnóstico Personalizado**: Utilización de IA para analizar datos genómicos y clínicos para proporcionar diagnósticos más precisos.

- **Tratamientos Individualizados**: Desarrollo de planes de tratamiento personalizados basados en las necesidades y características únicas de cada paciente.

- **Medicina Preventiva**: Predicción de riesgos de enfermedades y provisión de recomendaciones personalizadas para la prevención.

Ejemplo: 23andMe

23andMe utiliza algoritmos de IA para analizar datos genéticos y proporcionar informes de salud personalizados. Los usuarios pueden obtener información sobre su predisposición genética a ciertas enfermedades y recibir recomendaciones para la prevención y el tratamiento.

Educación Inteligente

Descripción

La educación inteligente utiliza la IA para crear sistemas de tutoría y aprendizaje adaptativos que personalizan la educación para cada estudiante, mejorando el rendimiento y la satisfacción.

Aplicaciones y Beneficios

- **Sistemas de Tutoría Inteligente**: Provisión de apoyo personalizado a los estudiantes, adaptándose a sus necesidades y ritmo de aprendizaje.

- **Análisis de Rendimiento**: Utilización de IA para analizar datos de rendimiento y proporcionar retroalimentación personalizada.

- **Contenido Adaptativo**: Creación de materiales de aprendizaje que se ajustan a las habilidades y preferencias de cada estudiante.

Ejemplo: Knewton

Knewton utiliza algoritmos de IA para ofrecer soluciones de aprendizaje adaptativo que personalizan el contenido educativo para cada estudiante. La plataforma ajusta dinámicamente el contenido y proporciona recomendaciones para mejorar el aprendizaje y el rendimiento.

Sostenibilidad

Descripción

La IA puede jugar un papel crucial en la promoción de la sostenibilidad al optimizar el uso de recursos naturales, reducir las emisiones de carbono y apoyar prácticas sostenibles en diversas industrias.

Aplicaciones y Beneficios

- **Agricultura de Precisión**: Utilización de IA para optimizar el uso de agua, fertilizantes y pesticidas, aumentando la eficiencia y reduciendo el impacto ambiental.

- **Gestión de Energía**: Optimización del consumo de energía y la gestión de redes eléctricas mediante el análisis de datos y la predicción de la demanda.

- **Monitoreo Ambiental**: Utilización de sensores y algoritmos de IA para monitorear la calidad del aire y del agua, y detectar cambios ambientales.

Ejemplo: The Climate Corporation

The Climate Corporation utiliza algoritmos de aprendizaje automático para proporcionar a los agricultores información y recomendaciones personalizadas sobre la gestión de cultivos. Esto ayuda a optimizar el uso de recursos y aumentar la productividad de manera sostenible.

Reflexión Final: ¿Qué Más Podrá Hacer la IA?

La inteligencia artificial ha avanzado significativamente, pero su potencial completo aún está por descubrirse. La IA no solo continuará revolucionando industrias y creando nuevas oportunidades de negocio, sino que también podría transformar nuestra vida diaria de maneras que aún no podemos imaginar. Desde la resolución de problemas complejos a escala global hasta la mejora de la calidad de vida individual, las posibilidades son infinitas.

Preguntas Abiertas para el Futuro

- ¿Cómo cambiará la IA nuestra percepción del trabajo y la productividad?

- ¿Qué papel jugará la IA en la resolución de crisis globales como el cambio climático y las pandemias?

- ¿Cómo podemos garantizar que el desarrollo de la IA sea equitativo y beneficioso para toda la humanidad?

Estas preguntas no solo reflejan la naturaleza en constante evolución de la inteligencia artificial, sino que también nos invitan a imaginar y anticipar las próximas grandes innovaciones. Este es solo el comienzo de un viaje emocionante y lleno de descubrimientos. Te invitamos a unirte a nosotros en este viaje y a ser parte de la próxima ola de transformación impulsada por la IA.

Conclusión del Capítulo

En este capítulo, hemos explorado las innovaciones emergentes en el campo de la inteligencia artificial, las oportunidades de negocio futuras y las implicaciones sociales y éticas del futuro de la IA. Desde la IA cuántica y la IA emocional hasta la robótica avanzada y la salud personalizada, el futuro de la IA es brillante y lleno de posibilidades. Al continuar explorando y desarrollando esta tecnología, debemos abordar cuidadosamente los desafíos y las consideraciones éticas para garantizar que la IA beneficie a toda la humanidad. Este es solo el comienzo de un viaje emocionante, y esperamos que este libro haya proporcionado una visión valiosa de lo que la IA puede lograr y cómo puedes ser parte de esta transformación. ¡El futuro de la IA está en nuestras manos

Apéndice

Glosario de Términos

Para entender mejor los conceptos y términos utilizados a lo largo del libro, aquí tienes un glosario con definiciones claras y concisas.

- **Algoritmo**: Conjunto de reglas y pasos que sigue una computadora para resolver un problema o realizar una tarea.

- **Aprendizaje Automático (Machine Learning)**: Técnica de IA que permite a las computadoras aprender de los datos y mejorar con la experiencia sin ser programadas explícitamente para cada tarea.

- **Aprendizaje Profundo (Deep Learning)**: Subcampo del aprendizaje automático que utiliza redes neuronales con múltiples capas para modelar y resolver problemas complejos.

- **IA Débil (Narrow AI)**: IA diseñada para realizar tareas específicas y limitadas, como reconocimiento de voz o clasificación de imágenes.

- **IA Fuerte (General AI)**: IA con capacidades cognitivas generales comparables a las de un ser humano, aún en desarrollo.

- **Superinteligencia Artificial**: Inteligencia que supera a la humana en todos los aspectos, actualmente teórica.

- **Red Neuronal**: Modelo de IA inspirado en el funcionamiento del cerebro humano, compuesto por nodos (neuronas) interconectados.

- **Red Neuronal Convolucional (CNN)**: Tipo de red neuronal especialmente eficaz en el procesamiento de datos estructurados en forma de cuadrícula, como las imágenes.

- **Red Neuronal Recurrente (RNN)**: Tipo de red neuronal adecuada para el procesamiento de secuencias de datos, como el texto y las series temporales.

- **Procesamiento del Lenguaje Natural (NLP)**: Campo de la IA que se centra en la interacción entre computadoras y lenguaje humano.

- **Reconocimiento de Voz**: Tecnología que convierte el habla en texto.

- **Síntesis de Voz**: Tecnología que convierte el texto en habla.

Recursos Adicionales

Para continuar tu aprendizaje y profundizar en los temas tratados en este libro, aquí tienes una lista de recursos recomendados.

Libros Recomendados

- **"Artificial Intelligence: A Modern Approach"** por Stuart Russell y Peter Norvig: Un libro de texto completo que cubre una amplia gama de temas en inteligencia artificial.

- **"Deep Learning"** por Ian Goodfellow, Yoshua Bengio y Aaron Courville: Un recurso fundamental para entender los conceptos y técnicas del aprendizaje profundo.

- **"Hands-On Machine Learning with Scikit-Learn, Keras, and TensorFlow"** por Aurélien Géron: Una guía práctica para aprender y aplicar técnicas de aprendizaje automático y profundo utilizando herramientas populares.

Cursos en Línea

- **Coursera**: Ofrece una amplia gama de cursos y especializaciones en IA, incluyendo el famoso curso de Machine Learning de Andrew Ng.

- **Udacity**: Programas de nanodegrees en IA, aprendizaje profundo y análisis de datos, con proyectos prácticos y mentoría personalizada.

- **edX**: Cursos en línea sobre IA y aprendizaje automático ofrecidos por universidades y empresas líderes.

Sitios Web y Blogs

- **Towards Data Science**: Blog comunitario que publica artículos y tutoriales sobre ciencia de datos y aprendizaje automático.

- **AI Trends**: Sitio web que ofrece noticias, análisis y recursos sobre las tendencias y avances en inteligencia artificial.

- **KDnuggets**: Recurso popular para noticias, tutoriales y recursos sobre ciencia de datos, aprendizaje automático y minería de datos.

Listas de Verificación

Para ayudarte en la implementación y gestión de proyectos de IA, aquí tienes algunas listas de verificación útiles.

Implementación de un Proyecto de IA

1. **Definir el Problema**: Identificar claramente el problema que deseas resolver con IA.

2. **Recopilar y Preparar los Datos**: Obtener los datos necesarios y asegurarse de que estén limpios y bien estructurados.

3. **Seleccionar y Entrenar el Modelo**: Elegir el algoritmo adecuado y entrenar el modelo utilizando los datos recopilados.

4. **Evaluar el Rendimiento del Modelo**: Utilizar métricas adecuadas para evaluar la precisión y eficacia del modelo.

5. **Implementar y Monitorear el Modelo**: Desplegar el modelo en producción y monitorear su rendimiento para realizar ajustes según sea necesario.

Evaluación de Herramientas de IA

1. **Compatibilidad**: Verificar que la herramienta sea compatible con tus sistemas y tecnologías existentes.

2. **Funcionalidad**: Evaluar si la herramienta ofrece las funcionalidades necesarias para tu proyecto.

3. **Facilidad de Uso**: Asegurarse de que la herramienta sea fácil de usar y tenga una buena documentación y soporte.

4. **Coste**: Considerar el coste de la herramienta y si se ajusta a tu presupuesto.

5. **Escalabilidad**: Evaluar si la herramienta puede escalar para manejar mayores volúmenes de datos y cargas de trabajo en el futuro.

Casos de Estudio

Para ilustrar cómo la IA se aplica en el mundo real, aquí tienes algunos casos de estudio detallados.

Tesla y la Conducción Autónoma

Contexto: Tesla, una empresa líder en la fabricación de vehículos eléctricos, ha desarrollado un sistema de conducción autónoma llamado Autopilot.

Desafío: Crear un sistema que permita a los vehículos navegar de manera autónoma en diversas condiciones de tráfico y clima.

Solución: Tesla utiliza una combinación de cámaras, radares y sensores ultrasónicos para recopilar datos del entorno. Algoritmos de aprendizaje profundo analizan estos datos en tiempo real para tomar decisiones de conducción.

Resultados: El sistema Autopilot ha mejorado significativamente la seguridad y la comodidad de la conducción, y Tesla continúa innovando con nuevas actualizaciones y funcionalidades.

Google DeepMind y AlphaGo

Contexto: DeepMind, una empresa de IA propiedad de Google, desarrolló AlphaGo, un programa de IA diseñado para jugar al juego de mesa Go.

Desafío: Crear un sistema de IA que pueda competir y vencer a los mejores jugadores humanos de Go, un juego conocido por su complejidad y profundidad estratégica.

Solución: AlphaGo utiliza una combinación de redes neuronales profundas y aprendizaje por refuerzo para aprender y mejorar su juego. Se entrenó inicialmente con partidas jugadas por humanos y luego mejoró jugando contra sí mismo.

Resultados: En 2016, AlphaGo venció al campeón mundial de Go, Lee Sedol, en una serie de partidas. Este logro demostró el poder de la IA en resolver problemas complejos y fue un hito importante en el campo de la inteligencia artificial.

Listas de Recursos y Lecturas Adicionales

Para seguir profundizando en el estudio y la aplicación de la IA, aquí tienes algunas listas de recursos y lecturas adicionales.

Plataformas de Competición y Práctica

- **Kaggle**: Plataforma para competiciones de aprendizaje automático y una comunidad activa de científicos de datos y desarrolladores de IA.

- **DrivenData**: Competiciones centradas en el uso de la ciencia de datos para resolver problemas sociales y ambientales.

- **Numerai**: Torneo de ciencia de datos donde los participantes construyen modelos para predecir los movimientos del mercado financiero.

Revistas y Publicaciones

- **Journal of Artificial Intelligence Research (JAIR)**: Publica investigaciones originales en todos los aspectos de la inteligencia artificial.

- **Machine Learning Journal**: Cubre desarrollos y aplicaciones en el campo del aprendizaje automático.

- **IEEE Transactions on Neural Networks and Learning Systems**: Publica investigaciones sobre redes neuronales y sistemas de aprendizaje.

Conferencias y Eventos

- **NeurIPS (Conference on Neural Information Processing Systems)**: Una de las conferencias más importantes en el campo de la IA y el aprendizaje automático.

- **ICML (International Conference on Machine Learning)**: Conferencia anual que reúne a investigadores y profesionales para discutir los avances en el aprendizaje automático.

- **AAAI (Association for the Advancement of Artificial Intelligence)**: Conferencia que abarca todos los aspectos de la inteligencia artificial, incluyendo aplicaciones, teorías y tecnologías.

Agradecimientos

Quiero expresar mi más sincero agradecimiento a todas las personas y organizaciones que han contribuido directa o indirectamente a la realización de este libro. A los expertos y profesionales de la IA cuyos conocimientos y experiencias han sido una fuente invaluable de información e inspiración. A mis colegas y colaboradores por su apoyo y retroalimentación constructiva. Y, sobre todo, a mis lectores por su interés y curiosidad en explorar el fascinante mundo de la inteligencia artificial. Espero que este libro haya proporcionado una guía útil y enriquecedora en tu viaje hacia el aprendizaje y la aplicación de la IA.

Este apéndice proporciona recursos adicionales y herramientas que pueden ayudarte a profundizar en tu conocimiento y habilidades en inteligencia artificial. A medida que continúas explorando este campo, recuerda que la clave del éxito es el aprendizaje continuo y la adaptación a los rápidos avances tecnológicos.

¡Buena suerte en tu viaje con la IA!

www.ingramcontent.com/pod-product-compliance
Lightning Source LLC
Chambersburg PA
CBHW071939210526
45479CB00002B/748